城乡居民重大疾病保障制度绩效实证研究

王黔京　著

天津大学出版社
TIANJIN UNIVERSITY PRESS

图书在版编目(CIP)数据

城乡居民重大疾病保障制度绩效实证研究：2018年贵州省哲学社会科学创新团队支持项目 / 王黔京著. -- 天津：天津大学出版社, 2021.12
ISBN 978-7-5618-7086-0

Ⅰ. ①城… Ⅱ. ①王… Ⅲ. ①基本医疗保险－保险制度－研究－中国 Ⅳ. ①F842.613

中国版本图书馆CIP数据核字(2021)第237560号

出版发行 天津大学出版社
地　　址 天津市卫津路92号天津大学内(邮编:300072)
电　　话 发行部:022-27403647
网　　址 www.tjupress.com.cn
印　　刷 北京盛通商印快线网络科技有限公司
经　　销 全国各地新华书店
开　　本 169mm×239mm
印　　张 12.25
字　　数 267千
版　　次 2021年12月第1版
印　　次 2021年12月第1次
定　　价 42.00元

前　言

为建立健全重特大疾病保障机制，减轻人民群众就医经济负担，解决因病致贫、因病返贫的社会问题，2010年6月7日，中华人民共和国卫生部、民政部制定并下发《关于开展提高农村儿童重大疾病医疗保障水平试点工作的意见》（卫农卫发〔2010〕53号）文件，从农村儿童的先天性心脏病和急性白血病两个病种入手，在部分省（区、市）开始了重大疾病保障的试点工作。2012年8月，国家发展改革委、卫生部、财政部、人力资源社会保障部、民政部、保监会六部委联合出台了《关于开展城乡居民大病保险工作的指导意见》（发改社会〔2012〕2605号），全面开启了统筹城乡居民重大疾病保障制度（以下简称“重大疾病保障制度”）的实践与探索。短短数年中，各地在重大疾病保障制度的筹资机制、支付机制、经办与管理模式等方面大胆实践、积极创新，形成了“太仓模式”“湛江模式”“江阴模式”“襄阳模式”等具有代表性的地方模块，积累了丰富的经验，形成了新农合和城居保“二合一”或是新农合、城居保、城职保“三合一”的“一制一档”“一制多档”等统筹模式。

国内学者对中国重大疾病保障制度的研究表明，这一制度减轻了重大疾病患者的现金卫生支出负担，减少了社会上因病致贫、因病返贫现象的发生。但是，对于这一制度有着怎样的制度绩效，哪些人群更多从制度中受益，制度是否促进和改善了健康公平，不同统筹模式在制度绩效上是否有差异，什么样的原因导致了差异的存在等问题，在已有的研究成果中，学者们并没有进行回答。基于此，本书以医保基金是否统一为主要标准，将当前实践中的重大疾病保障制度模式划分为两种：一种是城乡居民医保基金统一的“一元制模式”；另一种是城乡居民医保基金分档统一，按照城镇居民、农村居民身份管理和收支的“一制两档模式”。

本书以重大疾病患者的医疗卫生服务需求为起点，以公平正义理论、健康需求理论为指导，结合研究需要，将个体需求、统筹城乡、制度绩效整合在一起建立了“个体需求—统筹城乡—制度绩效”的分析框架；利用贵州省两个市（州）的入户调研数据，从经济绩效和健康绩效两个方面实证分析和评价了重大疾病保障制度的制度绩效，对“一元制模式”和“一制两档模式”两种模式的制度绩效进行了比较；结合实证分析结果，提出了完善和发展重大疾病保障制度的政策建议。

全书采用章节体，分为十章三十节。第一章介绍了研究的缘起和意义；第二章、第三章介绍了国际上较为世人所熟知的重大疾病保障模式，中国统筹城乡居民医保制度与重大疾病保障制度；第四章、第五章、第六章分别介绍了医疗保险制度绩效概念界定与评价方法，理论源流、分析框架与调查设计，调研地区重大疾病保障制度介绍及总体样本描述；第七章、第八章从经济绩效和健康绩效两个方面对“一元制模式”和“一制两档模式”两种模式的制度绩效进行了比较；第九章采用集中指数、泰尔指数、FGT 贫困指数对调研两地制度绩效进行了比较，对绩效差异的成因进行了分析；第十章对全书进行了总结，并对未来的进一步研究进行了展望。

目　录

第一章　中国医疗保障制度的缘起和意义

健康权作为公民享有的一项基本人权，很早就被世界上绝大多数国家写入了宪法等法律之中。对于世界各国而言，构建一个公平、高效和可持续发展的医疗卫生服务保障体系，“实现人人公平享有基本医疗保障”，一直是改善社会民生的重点和难点。医疗卫生资源在世界范围内普遍稀缺的事实，意味着即便是在当今经济体量与总量最大的经济体和国家中，其自身的卫生保健系统都无法生产与提供足够数量和较高质量的医疗卫生产品与服务来满足所有社会成员的卫生保健需求。医疗卫生服务供需之间的不匹配，在幅员辽阔、人口众多、城乡二元结构且东中西部经济与社会发展具有明显梯度式特征的中国情景下显得更为突出。

第一节　中国医疗保障制度的缘起

中华人民共和国成立后，历届政府都十分重视保障和改善民生的问题。中央人民政府集中资源和力量迅速在城市和乡村全面建成了“免费医疗”卫生保障体系（城镇公费医疗制度、农村合作医疗制度）。这一卫生保障体系建立后，我国在20世纪50年代就基本消除了天花、白喉、肺结核等传染性疾病，改善了人民群众的体质，提高了居民的人均寿命。医疗卫生服务被视为一项非常重要的社会公益事业，而非一般的生产性服务业。

为了进一步满足人民群众的基本医疗卫生服务需求，有关部门在20世纪90年代开始了医疗卫生服务保健制度改革与发展的新一轮探索，逐步建立起了由城镇职工基本医疗保险（以下简称“城职保”）、城镇居民基本医疗保险（以下简称“城居保”）、新型农村合作医疗保险（以下简称“新农合”）和城乡居民医疗救助（以下简称“医疗救助”）构成的全民医疗卫生服务保障体系。经过多年的建设和发展，目前中国三大基本医疗保险（城职保、城居保、新农合）覆盖的人数已经超过14亿人。

国内外学者都认为，中国医疗卫生体制改革开放40多年来取得的成就，特别是20世纪90年代末以来三大基本医疗保险建设与发展的成就，提高了城乡居民基本医疗卫生服务的公平性、可及性，较好地改善了人民群众就医难、就医贵、就医远的问题。由中国医学科学院医改发展报告编撰委员会完成的研究报告认为："新医改以来，围绕'保基本、强基层、建机制'的原则要求，基层卫生从完善补偿机制、改革人事和收入分配机制、提升基层卫生服务能力等方面着力，采取多项措施，各项工作取得积极进展，成效初显，为保证群众普遍获得方便可及、经济有效的基本医疗和基本公共卫生服务奠定了坚实基础。"①但与此同时，也有很多学者指出为了"保基本"的城职保、城居保、新农合三大基本医疗保险，存在着覆盖的广度和深度不够，基本医疗保险药品目录、诊疗项目目录、医疗服务设施标准（以下简称"三目录"）覆盖范围过窄，保障水平低和家庭现金卫生支出比例较高等问题。就经济保障效果而言，城职保、城居保和新农合参保（含）人的赔付率依然不高。三大基本医疗保险并不能很好地减轻患者现金卫生支出经济负担，医疗保险对改善收入不平等只起到微弱作用②。人民患危急重症或发生高额医疗费用时，疾病经济负担没有明显下降③，中国城镇职工基本医疗保险、城镇居民基本医疗保险的灾难性卫生支出发生率高于其他发展中国家④。在缺乏医疗保险财务保护的情况下，巨额的现金卫生支出将一些中国城镇与农村的家庭推向了贫困的边缘。特别是在地广人稀的农村地区，重大疾病成为农村家庭生活困难的主因。据统计，截至2017年底在尚未脱贫的贫困人口中，

① 中国医学科学院医改发展报告编撰委员会：《中国医改发展报告（2009—2014）》，《中国人口报》2015年9月29日，第5版。

② 解垩：《医疗保险与城乡反贫困：1989—2006》，《财经研究》2008年第12期。

③ 陈瑶、熊先军、刘国恩、陈钢：《我国医疗保险对城镇居民直接疾病经济负担影响研究》，《中国卫生经济》2009年第2期。

④ Xu Ke, David B Evans, Kei Kawabata, et al. "Household Catastrophic Health Expenditure: A Multicountry Analysis," *The Lancet* 362, no. 9378(2003):111-117.

因病致贫、返贫的占到40%左右[①]。

为探索减轻农民重大疾病负担的有效途径，减少因病致贫、因病返贫现象的发生，2010年卫生部与民政部联合制定并下发了《关于开展提高农村儿童重大疾病医疗保障水平试点工作的意见》（卫农卫发〔2010〕53号），选择在部分省（区、市）开始农村儿童的先天性心脏病和急性白血病两个病种的重大疾病保障的试点工作。2012年8月，国家发展改革委、卫生部、财政部、人力资源社会保障部、民政部、保监会六部委联合发布了《关于开展城乡居民大病保险工作的指导意见》（发改社会〔2012〕2605号，以下简称《意见》），明文提出在基本医疗保障的基础上开展城乡居民大病保险（以下简称"大病保险"）建设，由此开启了中国"基本医保+大病保险"的城乡居民重大疾病保障制度（以下简称"重大疾病保障制度"）的实践与探索。随后的数年中，地方政府在重大疾病保障制度的筹资机制、支付机制、经办与管理模式等方面锐意改革、大胆创新，"太仓模式""湛江模式""江阴模式""襄阳模式"等一批具有代表性的地方模式涌现，形成了新农合、城居保"二合一"或是新农合、城居保、城职保"三合一"的"一制一档""一制多档"等统筹模式。2015年底我国大病保险已经覆盖城乡居民9.2亿人，加上基本医疗保险经办机构承保的1.3亿人，大病保险已实现全覆盖，345万大病患者直接受益，报销额度普遍比原来提高了10~15个百分点[②]。对于重大疾病保障尤其是大病保险所取得的成就，有学者在世界著名医学杂志《柳叶刀》（*The Lancet*）上刊文给予了高度评价[③]。

从重大疾病保障制度相关研究成果来看，国内外学者在宏观、中观层面上进行了大量分析和探讨，但整体存在着研究内容较为空泛、分析仍停留于表象和政策建议针对性不强的问题。已有的实证研究结果表明，重大疾病保障制度减少了

---

① 中国扶贫：《我国将实施医疗保障扶贫三年行动：2020年实现农村贫困人口医保制度全覆盖》，《老区建设》2018年第19期。

② 王蕾：《大病保险助力精准扶贫》，《中国人力资源社会保障》2016年第4期。

③ Hongmei Li, Lixin Jiang, "Catastrophic Medical Insurance in China," *The Lancet* 390, no.10104 (October 2017)：1724-1725.

社会上因病致贫、因病返贫现象的发生，减轻了患者的经济负担。但这些研究缺乏微观入户调查数据的支持，无法对重大疾病保障制度产生了什么样的制度绩效，不同统筹模式制度绩效是否存在差异、为何存在差异等看似无足轻重、实则举足轻重的问题展开深入研究。

第二节　中国重大疾病保障制度的意义

作为一项重大的民生工程和民心工程，重大疾病保障制度的建立标志着中国社会医疗保障制度实现了从“病有所医”到解决因病致贫、因病返贫的突破和跨越，彰显了中国政府打造全民医保、建设健康中国的决心。但与此同时，重大疾病保障制度在“广覆盖、深兜底”的制度建设实践中出现了医疗卫生服务保障能力相对不足的问题，存在患者家庭现金卫生支出依旧较高、医疗费用实际补偿（报销）比偏低、城镇居民与农村居民医疗卫生服务利用不公平等现象，影响了城乡居民在医疗卫生服务方面的现实获得感、健康获得感。如何解决好城乡居民重大疾病保障制度在实践中面临的困难和问题，更好地满足重大疾病患者的医疗卫生服务需求、减轻患者家庭的医疗卫生支出负担，并促进社会健康公平，成了亟待解决的现实问题。

卫生服务需求和需要是医疗卫生资源配置的原动力，如果只考虑医疗服务需求，解决看病难、看病贵的着力点就在于降低医疗服务的均衡价格。但问题在于，即使价格被人为控制在均衡价格之下，社会最低收入人群在高额的医疗费用面前依然缺乏支付能力。本书建立了“个体需求—统筹城乡—制度绩效”的分析框架，首先，从理论上分析重大疾病保障制度的财务保障机制、健康保障机制及其切断因病致贫、因病返贫恶性循环的作用路径；其次，运用微观调研数据实证分析重大疾病保障制度的经济绩效、健康绩效，研究这一制度是否满足了不同收入阶层和不同身份人群中的重大疾病患者的医疗卫生服务需求，是否解决了不同人群间的健康公平等问题，进而对重大疾病保障制度绩效进行评价；再次，对调研地区“一元制模式”和“一制两档模式”两种模式的重大疾病保障制度的制度绩效进行比较，分析不同统筹城乡模式重大疾病保障制度的制度绩效是否存在差异以及差异的主要成因；最后，结合研究结果提出提升重大疾病保障制度绩效的政策建议。本书能够为完善和发展医疗保障公平理论、建设中国特色医疗保障制度积累案例与素材，并给出提升重大疾病保障制度绩效的一些具体政策建议。

第二章　重大疾病保障国际经验与研究

纵观全球，重大疾病患者医疗卫生服务的保障是一个世界性难题。世人所熟知的四大医疗保障模式——德国社会医疗保险制度、美国商业健康保障制度、英国国民卫生服务体系、新加坡个人储蓄性医疗保险，在解决这一难题时表现得并不尽如人意。对四大医疗保障模式的重大疾病保障经验进行梳理和研究，有助于我们更好地理解当前重大疾病保障理论和实践中的痛点、难点，进一步理清研究思路和重点。

第一节　重大疾病概念

一般来说，我们可以从两个视角来界定重大疾病（critical disease）：一是从临床医学的视角进行界定，即根据《国际疾病分类》（*International Classification of Diseases*，ICD）第 9 版或第 10 版界定疾病的“灾难性”等级；二是从经济视角出发，用现金卫生支出（Out-of-pocket Expenditure，OOP）的阈值（或比例）来加以界定。

一、医学视角下的重大疾病

从临床医学角度所定义的重大疾病，通常指的是那些需要花费巨额卫生费用、在较长时间内严重影响患者正常工作和生活的疾病，如恶性肿瘤、严重心脑血管疾病、脑中风后遗症、重大器官移植术或造血干细胞移植术、冠状动脉搭桥术、晚期慢性病、严重脑损伤、严重帕金森病和严重精神病等。20 世纪 80 年代，南非医生巴纳德（Marius Barnard）提出重大疾病保险（时称 dread disease insurance，多数文献称之为 critical disease insurance）这一商业重疾险产品创意时，从临床医学视角对重大疾病进行了界定，它涉及心肌梗死、冠状动脉绕道手术、癌症及中风 4 项[①]。

从临床医学视角来界定重大疾病的方法，后来成为许多经营商业健康保险业务的保险公司的常用界定方式。2007 年，中国保险行业协会制定的行业规范性操作指南——《重大疾病保险的疾病定义使用规范》，就通过这种方式规范和定义了 25 种重大疾病，其中包括发病率较高的恶性肿瘤、急性心肌梗死、脑中风后遗症、冠状动脉搭桥术（或称冠状动脉旁路移植术）、重大器官移植术或造血干细胞移植术以及终末期肾病（或称慢性肾功能衰竭尿毒症期）等六种重大疾病。有学者研究表明，这六种重大疾病在全部 25 种重大疾病中发生率高，在较多年龄段占比 60%~90%，最高的占比达 94.5%[②]。

二、经济视角下的重大疾病

从经济视角来界定重大疾病的方法，则多为社会保险、社会救助等社会福利制度所用。社会保险有时也会从临床医学视角来对其进行界定，如 2010 年我国卫生部、民政部在推进农村儿童重大疾病医疗保障水平试点工作时，就明确提出将农村儿童的先天性心脏病和急性白血病两个病种定为提高农村儿童重大疾病医疗保障水平的先期试点疾病病种。在 2012 年发布的《意见》中，对大病的认定是从经济视角出发的，大病主要的界定标准是城乡居民参保（合）人员年内是否发生了高额医疗费用。高额医疗费用，一般以个人年度累计负担的合规医疗费用超过当地统计部门公布的上一年度城镇居民年人均可支配收入、农村居民年人均纯收入为判定标准，具体金额由地方政府认定。从国际上看，与中国大病保险中的大病相近的概念是灾难性卫生支出（Catastrophic Health Expenditure，CHE），通常指的是在一个公平的医疗融资体系中，个人现金卫生支出（OOP）严重影响了个人或家庭的消费结构，如迫使个人或家庭减少其他诸如食物、住房或子女教

① Margaret S. Herridge, “Long-Term Outcomes after Critical Illness: Past, Present, Future,” *Current Opinion in Critical Care* 13, no.5(October 2007)：473-475.

② 刘腾：《论中国首套重大疾病经验发生率表的影响》，《特区经济》2014 年第 9 期。

育等必要的开支[①]。

比较以上两种重大疾病的界定方式，我们可以看出：从临床医学视角将花费巨大且影响正常生活和工作的病种界定为重大疾病，具有工具理性的思维特征，即极其严格的操作上的精确性和可计算性，这也符合20世纪80年代人类工业文明繁盛时期，对于效率极致追求的时代特征；从经济视角界定重大疾病，在精确性和可计算性的基础上，更注重追求社会群体间的公平与公正，体现的则是工具理性与价值理性的统一。本书中的重大疾病概念采用的是《意见》中对于大病的界定。

第二节 重大疾病与灾难性卫生支出

从患病人数和卫生费用上看，世界上各个国家重大疾病的患病人数、花费的卫生费用在其总患病人数和卫生总费用中所占的比例并没有人们想象中那么高。但是由于重大疾病非常容易导致灾难性卫生支出的发生，因此还是给患者家庭及社会造成了极大的福利损失。从维护社会公平正义而言，为全民设计的国家医疗卫生保障体系如果不能减轻重大疾病患者所承受的沉重经济负担，会让相当一部分社会民众产生不公平、不公正感。世界卫生组织在2005年《可持续卫生筹资、全民保险和社会健康保险》（WHA58.33号决议）中曾指出："所有人都应当享有所需要的有质量的卫生服务，并且不因享受这些服务而出现经济困难。"

一、灾难性卫生支出

保护人们免受灾难性卫生支出影响，是世人普遍接受的健康政策的理想目

① 朱铭来、宋占军、王歆：《大病保险补偿模式的思考——基于天津市城乡居民住院数据的实证分析》，《保险研究》2013年第1期。

标[①②]。对于什么是灾难性卫生支出，一些学者从家庭收入的视角出发，认为当家庭成员医疗支出占到家庭总收入的10%以上时，就可以认为是发生了灾难性卫生支出[③④]；一些学者从家庭支出的视角出发，认为当家庭成员医疗支出等于或超过满足基本生存支出后的可支配收入的40%时，就可以认为是发生了灾难性卫生支出[②⑤]。对于以上两种计算方法，有学者认为存在一定的局限性，因为它们有可能会受到来自被调查人员回忆期长短和调查问卷中所设置的家庭支出项目种类、数量的影响[⑥]。Wagstaff对以上两种计算方式进行比较研究后，提出了一种新的灾难性卫生支出计算方法——终身货币计量效用方法（Lifetime Money Metric Utility，　LMMU），即根据医疗费用的终生后果来认定是否发生了灾难性卫生支出[⑦]。

二、灾难性卫生支出发生的国际情况

在已有的重大疾病或灾难性卫生支出实证研究中，一些文献从宏观的视角介绍了不同国家和地区的灾难性卫生支出的发生情况。从已有的相关研究成果看，对于什么是灾难性卫生支出，学者们的定义有所不同。一个较为明显的区别就

① Philip Musgrove, “Public Spending on Health Care: How Are Different Criteria Related？” *Health Policy* 47, no.3(May 1999):207-223.

② Deon Filmer, Jeffrey S. Hammer, Lant H. Pritchet, “Weak Links in the Chain Ii: A Prescription for Health Policy in Poor Countries,” *The World Bank Research Observer* 17, no.1 (June 2005):47-66.

③ Menno Pradhan,Nicholas Prescott, “Social Risk Management Options for Medical Care in Indonesia,” *Health Economics* 11, no.5(July 2002):431-446.

④ Michael Kent Ranson, “Reduction of Catastrophic Health Care Expenditures by a Community-Based Health Insurance Scheme in Gujarat, India: Current Experiences and Challenges,” *Bulletin of the World Health Organization* 80, no.8(February 2002):613-621.

⑤ Xu Ke, David B. Evans, Kei Kawabata, et al., “Household Catastrophic Health Expenditure: A Multicountry Analysis,” *The Lancet* 362, no.9378(2003):111-117.

⑥ Lu Chunling, Chin B., Li G. H., et al., “Limitations of Methods for Measuring Out-of-Pocket and Catastrophic Private Health Expenditures,” *Bulletin of the World Health Organization* 87, no.3 (March 2009):238-244.

⑦ Adam Wagstaff, “Measuring Catastrophic Medical Expenditures: Reflections on Three Issues，” *Health Economics* 28, no.6 (April 2019)：765-781.

是，学者们在研究中所使用的灾难性卫生支出门槛阈值范围从 10% 到 40% 不等[①②③④]。对世界上一些国家的研究表明，家庭灾难性医疗支出发生率最高为 13%，因病致贫发生率最高为 5%[⑤]，低、中、高收入国家灾难性卫生支出的平均发生率分别为 3.10%、1.80% 和 0.66%[⑥]。

在普通大众的一般性认知中，发达国家的各种社会福利制度较为完善，发生家庭灾难性卫生支出的概率较小，或者说不存在家庭灾难性卫生支出的问题。然而，这样的认识是有失偏颇的。国内外学者对发达国家灾难性卫生支出的研究表明，发达国家的重大疾病患者家庭不同程度地存在着医疗卫生支出高的问题。例如在美国，灾难性卫生支出平均每年达到 14 亿美元，大约占到了国家卫生总费用的 0.05%[⑦]；对美国、澳大利亚、法国、斯洛文尼亚、日本、波兰、以色列、俄罗斯、芬兰等 9 个国家的老年人现金卫生支出的研究表明，除斯洛文尼亚和日本外，在其他几个国家的老年人口中，10% 以上的老年人的医疗卫生费用负担过高[⑧]。

较之高收入国家，中等收入和低收入国家在灾难性卫生支出方面的问题较为突出，低收入和中等收入国家的 56 亿居民需要自付一半以上的医疗保健费用[⑨]。

---

① Adam Wagstaff, Eddy Van Doorslaer, “Equity in the Finance of Health Care: Some International Comparisons,” *Journal of Health Economics* 11, no.4 (January 1993)：361-387.

② John Holahan, Sheila Zedlewski, “Who Pays for Health Care in the United States? Implications for Health System Reform,” *Inquiry* 29, no.2(Summer 1992):231-248.

③ Richard T J M. Janssen, Eddy van Doorslaer, Adam Wagstaff, “Health Insurance Reform in the Netherlands and the Progressivity of Health Care Finance,” *Economic and Social Review* 25, no. 4(January 1991):303-320.

④ David R. Lairson, Paul Hindson, Alan Hauquitz, “Equity of Health Care in Australia,” *Social Science & Medicine* 41, no.4 (August 1995):475-482.

⑤ 褚福灵：《灾难性医疗支出研究》，《中国医疗保险》2016 年第 3 期。

⑥ Xu Ke, David B. Evans, Guido Carrin, et al., “Protecting Households from Catastrophic Health Spending,” *Health Affairs* 26, no.4 (July 2007):972-983.

⑦ Paul J. Bixenstine, Andrew D. Shore, Winta T. Mehtsun, et al, “Catastrophic Medical Malpractice Payouts in the United States,” *Journal for Healthcare Quality* 36, no.4 (March 2014):43-53.

⑧ Katherine Baird, “High Out-of-Pocket Medical Spending among the Poor and Elderly in Nine Developed Countries,” *Health Services Research* 51, no.4(January2016):1467-1488.

⑨ 陈冯富珍：《全球化与卫生——在联合国大会上的讲话》，2008 年 10 月 24 日。

Wagner 等人的研究成果表明，在一些中低收入国家中，卫生支出一般占据了家庭总支出的 13%~32%，有约 41% 的用药费用由家庭通过现金卫生支出的方式来承担①。在欧洲地区，发展中国家波兰发生灾难性卫生支出家庭的数量和比例远高于丹麦、德国两个发达国家②。2009 年，波兰患者家庭中把 10% 以上的家庭收入用于药物支出的比例达到了 18%③；在亚洲地区，患者的现金卫生支出要高于全球其他区域，很多中低收入国家中个人现金卫生支出在卫生费用中占比超过了 30%④⑤。对亚洲 14 个国家和地区的个人现金卫生支出的研究结果表明，孟加拉国、中国、印度等国家灾难性卫生支出的发生率最高⑤。在中北美及加勒比地区，对智利、赞比亚、墨西哥等国的研究表明，这些国家的医疗保险对住院治疗的影响微乎其微，不能提供足够的金融保护⑥⑦。在非洲地区，2012 年塞拉利昂、苏丹、几内亚、尼日利亚等 14 个国家的个人现金卫生支出占比超过 50%⑧。2016 年，中低收入国家现金卫生支出达到了 56.1%⑨。

在跨地区研究方面，对阿根廷、哥伦比亚、墨西哥、泰国四国患者的现金卫

---

① Anita K. Wagner, Amy Johnson Graves, Sheila K. Reiss,et al.,"Access to Care and Medicines, Burden of Health Care Expenditures, and Risk Protection: Results from the World Health Survey," *Health Policy* 100, no.2-3 (September 2010):151-158.

② Anna Zawada, Katarzyna Kolasa, Christian Kronborg, et al.,"A Comparison of the Burden of Out-of-Pocket Health Payments in Denmark, Germany and Poland," *Global Policy* 8, no.2(June 2017):123-130.

③ 朱吉鸽：《波兰家庭药物支出的经济负担分析》，《国外医学（卫生经济分册）》2012 年第 4 期。

④ Owen O'Donnell, Eddy Van Doorslaer, Ravi P. Rannan-Eliya, et al.,"The Incidence of Public Spending on Healthcare: Comparative Evidence from Asia," *The World Bank Economic Review* 21, no.1(February 2007):93-123.

⑤ Eddy Van Doorslaer, Owen O'Donnell, Ravindra P. Rannan Eliya, et al.,"Catastrophic Payments for Health Care in Asia," *Health Economics* 16, no. 11(November 2007):1159-1184.

⑥ Claudio Sapelli, Bernardita Vial,"Self-Selection and Moral Hazard in Chilean Health Insurance," *Journal of Health Economics* 22, no.3 (June 2003):459-476.

⑦ Björn Ekman,"Catastrophic Health Payments and Health Insurance: Some Counterintuitive Evidence from One Low-Income Country," *Health Policy* 83, no 2-3(November 2007):304-313.

⑧ 潘天欣、代涛、马琳、郑英：《以卫生筹资视角对非洲国家实现全民健康覆盖的进展与挑战的探讨》，《中国医药导报》2015 年第 14 期。

⑨ Angela Y. Chang, Krycia Cowling, Angela E. Micah, et al.,"Past, Present, and Future of Global Health Financing: A Review of Development Assistance, Government, Out-of-Pocket, and Other Private Spending on Health for 195 Countries, 1995—2050," *The Lancet* 393, no.101 87(April 2019):2233-2260.

生支出的研究表明，这几个国家的现金卫生支出比例为40%~45%，家庭灾难性卫生支出的发生率，泰国最低，哥伦比亚最高[①]。有学者对亚太地区及南美洲的部分发展中国家灾难性卫生支出发生率进行了比较研究，认为中国略高于亚太地区及南美洲的部分发展中国家[②]。

总体上看，对世界范围内主要国家和地区的灾难性卫生支出的研究表明，重大疾病患者的医疗卫生服务保障问题是一个世界性的难题。2010年，世界卫生组织发布的《世界卫生报告——卫生制度融资：全民覆盖之路》中指出，只有当患者的现金卫生支出降至其个人卫生支出的15%~20%时，灾难性卫生支出和贫困的发生率才能降至一个可以忽略的水平。对于大多数发展中国家、低收入国家而言，这显然是一个十分艰巨的目标。例如世界卫生组织的东南亚和西太平洋区域的成员国2010年设立的目标是将患者直接支付费用降低到卫生总费用的30%~40%[③]。

第三节　国际上重大疾病保障的主要模式

很多文献指出，政府医疗卫生支出的持续增长很重要，因为增加政府卫生支出可以间接增加家庭的财政资源，并影响到其他一些健康公平的决定因素。关于各国重大疾病或灾难性卫生支出保障制度，相关文献指出各国都是在政府部门的主导下、基于本国医疗保障体系特点编制相关保障制度的，普遍采用了多样化的保障措施，例如减免自付费用、提高报销比例、实行税收优惠以及补贴保费等[④]。重大疾病的保障模式，依据当代主要的医疗卫生体制可以划分为国家卫生服务模式、商业医疗保险模式、社会医疗保障模式和医疗储蓄账户模式四种，四种模式在卫生筹资、保障范围与支付方式等方面有所差异。在主要国家和地区的

① 褚福灵：《灾难性医疗支出研究》，《中国医疗保险》2016年第3期。

② 应晓华、江芹、刘宝、李国红、胡善联、陈政、张黎明：《灾难性支出家庭对卫生筹资公平性的影响》，《中华医院管理杂志》2004年第8期。

③ 马彦民、陈强、万明、许媛媛：《2010年世界卫生报告概要——卫生系统筹资：实施全民覆盖的道路》，《中国卫生政策研究》2010年第11期。

④ 王琬：《建立重特大疾病保障机制的国际经验》，《中国医疗保险》2014年第7期。

重大疾病保障制度的类型划分上，重大疾病保障制度以其主导医疗保险的性质为标准，可以划分为社会化重大疾病保障制度、商业化重大疾病保障制度两种基本类型，这两种模式都采用了社会保险与商业保险协同发展的“混合制”模式。

一、国家卫生服务模式

国家卫生服务（National Health System，NHS）模式一般以英国为代表。其在重大疾病的保障上，采用的是“NHS+ 商业重大疾病保险”的模式。这种医疗卫生体制的政府介入程度深、公平性高，卫生筹资由征缴一般税来解决，政府代为购买医疗服务。发生重大疾病时，由于医疗保障覆盖全体国民并提供几乎免费的医疗服务，家庭和个人的自付费用少、疾病经济负担相对轻，很少会引发家庭灾难性医疗卫生费用支出。受卫生费用预算约束和“内部市场化”的影响，在这种广覆盖和高待遇的卫生服务模式下，公立医院运行效率低，病人排队时间成本较高。作为对公立医院低效率的回应，英国的保柏集团（BUPA）、安盛英国保险公司（AXA UK）以及诺威治联合医疗保健公司等商业保险公司在英国推出重大疾病保险，提供高质量的医疗卫生服务，作为 NHS 的重要补充。近年来，开始有更多英国人转向私营医疗服务，主要集中在 45~54 岁、高学历、高收入的阶层。

二、商业医疗保险模式

商业医疗保险模式以美国为代表，较之其他三种医疗保险模式而言，在这种模式下没有医保的人口比重高，互济性、公平性较差。在美国，重大疾病的保障以团体重大疾病医疗保险（group major disease medical insurance）、管理式医疗保险（HMO、PPO、POS 和 EPO 等）为主，以为特殊人群设置的社会医保为辅，是一种“商业重大疾病保险 + 强制社会保险”的模式。在美国，尽管几乎所有 65 岁及以上的美国人都有医疗保险，但巨大福利缺口还是使他们面临着自费医疗带来的灾难性卫生支出风险①。美国的团体重大疾病医疗保险的保费由雇主提

① Dana Goldman,Nicole Maestas, “Medical Expenditure Risk and Household Portfolio Choice,” *Journal of Applied Econometrics* 28, no.4(June 2013):527-550.

供，当雇员及其配偶、19 周岁以下的子女、23 岁以下且尚未独立的在校子女发生重大疾病时，都可以得到保障。其对个人承担部分设定了最大限额，重大疾病费用产生后，可以通过不断延长允许自付额分摊的期限，使得被保险人能够承受得起一个较高的自付额标准。

管理式医疗保险直接介入重大疾病治疗的事前、事中、事后管理，对整个治疗过程进行有效监控。为减少老人、失能者及贫困人群等社会弱势群体的医疗卫生费用支出，美国政府也推出了医疗照顾计划（Medicare）和医疗资助计划（Medishield）等强制社会医保，但这些保护并不能完全防范产生大额自付医疗费用的风险①。奥巴马任美国总统后期，为解决美国没有医保的人口比重高的问题，奥巴马政府曾推出《患者保护与平价医疗法案》（Patient Protection and Affordable Care Act，PPACA），但该法案被特朗普政府废除。

三、社会医疗保障模式

社会医疗保障（Statutory Health Insurance，SHI）模式以德国为代表，由“法定医疗保险（Gesetzliche Kranken Versicherung，GKV）+ 私人保险（Private Kranken Versicherung，PKV）”组成。在德国，雇员和雇主各自对半承担社保费用，法定医疗保险医疗服务的保障待遇近乎全覆盖，全部实报实销，并且不需要现金支出。私人保险有一定限度，并明确列出了哪些疾病在报销范围之内，哪些疾病不在报销范围内，一般来讲只报销 90% 左右。如 20 世纪 90 年代以来，德国为防范道德风险和促进医保基金持续运行，在患者方面，实行费用分担机制的改革，增加参保人个人责任，大幅增加处方药的自付比例。法律规定 18 岁及以上的成年患者仍需承担部分医药费用，最高年支付限额（个人自付止损额）根据个人收入比例确定。这种模式下，政府将本国基本医疗卫生政策与医疗保障体系框架内的其他政策进行了衔接与整合，互济性强、受益面广、公平性高，个人现金卫生支出少，疾病经济负担相对轻，较少引发家庭灾难性医疗支出[①②③]，例如法国、德国 2003 年灾难性卫生支出发生率仅为 0.01%、0.03%[④]。

四、医疗储蓄账户模式

医疗储蓄账户模式以新加坡“3M 计划”为代表，是一个由“医疗储蓄账户（Medical Savings Account）+ 终身健保（Medishield Life）+ 医疗救助（Medifund）”组成的体系。其中，以个人责任为中心的医疗储蓄账户制度，允许个人使用其账户为自己及直系亲属支付住院治疗费用和极少数昂贵的门诊费用，但不允许多个账户合并使用。对于罹患重大疾病者，主要通过终身健保（原为“健保双全计划”）来补贴国民在使用 B2 级或 C 级病房时的长期住院费，或支付部分治疗重大疾病所需的巨额住院费用。这是一种强制性、全民受保、终身受保、统筹性的保险计划，是基本的、低费用的大病保险计划。尽管有医疗储蓄账户、终身健保，但仍然有一部分人无法支付医疗费。对此，1993 年新加坡政府投入 2 亿新元建立医疗救助基金。此后每年，只要政府出现财政盈余，就会为医疗救助基金再投入 1 亿新元。无力支付医疗费的病人，可以申请医疗救助。多重措施的推行，使新加坡国民个人医疗费用的现金支出几乎下降到零，有力地化解了个人和家庭的大病经济风险。

第四节　重大疾病与灾难性卫生支出的国际研究

对于灾难性卫生支出的微观层面的研究，学者们主要聚焦于灾难性卫生支出

---

① Reinhard Busse, Miriam Blümel, “Germany:Health System Review,” *Health Systems in Transition* 16, no. 2 (March 2014):291-296.

② Guy Carrin, “Social Health Insurance in Developing Countries: A Continuing Challenge,” *International Social Security Review* 55, no.2 (November 2002):57-69.

③ 李健、兰莹：《3 M 计划引领新加坡医保制度》，《中国医院院长》2013 年第 17 期。

④ Xu Ke, David B. Evans, Kei Kawabata, et al., “Household Catastrophic Health Expenditure: A Multicountry Analysis,” *The Lancet* 362, no.9378 (August 2003):111-117.

的经济后果及影响因素[①②③④]。关于灾难性卫生支出的经济后果的研究，国外学者主要使用广义矩估计、最小二乘法估计、DID（differences-in-differences，双重差分法）模型、Probit 模型、固定效应回归、有序 Probit 模型等方法，研究了灾难性卫生支出对家庭劳动力、家庭收入和家庭非医疗支出的影响，得出了灾难性卫生支出减少了家庭劳动力、家庭劳动时间和家庭收入，并导致了贫困发生的结论[⑤⑥⑦]。

一、灾难性卫生支出与贫困

在关于灾难性卫生支出与贫困的研究方面，学者们对不同国家和地区的生计调查、生活水平调查、家庭收支调查等的数据进行了研究，一些研究将每人每天 1 美元、2 美元的生活支出标准作为贫困线，一些研究将灾难性卫生支出在家庭支出中所占的比例作为贫困线[⑧⑨]。尽管国内外已有文献在估计方法、阈值大小的

---

① Xu Ke, David B. Evans, Kei Kawabata, et al., "Household Catastrophic Health Expenditure: A Multicountry Analysis," *The Lancet* 362, no.9378 (August 2003):111-117.

② Adam Wagstaff, Eddy van Doorslaer, "Catastrophe and Impoverishment in Paying for Health Care: With Applications to Vietnam 1993—1998," *Health Economics* 12, no.11 (November 2003):921-933.

③ Hugh R. Waters, Gerard F. Anderson, Jim Mays, "Measuring Financial Protection in Health in the United States," *Health Policy* 69, no.3 (October 2004):339-349.

④ Supon Limwattananon, Viroj Tangcharoensathien, Phusit Prakongsai, "Catastrophic and Poverty Impacts of Health Payments: Results from National Nousehold Surveys in Thailand," *Bulletin of the World Health Organization* 85, no.8(September 2007):600-606.

⑤ Stefan Dercon, Pramila Krishnan, "In Sickness and in Health: Risk Sharing within Households in Rural Ethiopia," *Journal of Political Economy* 108, no.4 (February 2000): 688-727.

⑥ Paul Gertler, Jonathan Gruber, "Insuring Consumption against Illness," *American Economic Review* 92, no.1(February 2002): 51-70.

⑦ Takashi Yamano, Thomas S. Jayne, "Working-Age Adult Mortality and Primary School Attendance in Rural Kenya," *Economic Development & Cultural Change* 53, no.3(April 2005):619-653.

⑧ Eddy Van Doorslaer, Owen O'Donnell, Ravi P. Rannan-Eliya, et al., "Effect of Payments for Health Care on Poverty Estimates in 11 Countries in Asia: An Analysis of Household Survey Data," *The Lancet* 368, no. 9544 (October 2006):1357-1364.

⑨ 方豪、赵郁馨、王建生、万泉、杜乐勋：《卫生筹资公平性研究——家庭灾难性卫生支出分析》，《中国卫生经济》2003 年第 6 期。

确定上存在着一定的差异，但对文献的回顾一致表明，高额医疗卫生费用会使得患者家庭将相当一部分的现金收入用作医疗卫生服务与保健支出，这有可能将他们推向贫困[①]。

在缺乏足够现金储蓄的情况下，许多家庭只能采取出售资产、负债的方式进行卫生筹集[②③]。从国内外学者的研究结论来看，卫生支出在低收入家庭日常支出中占的比例要高于中等及以上收入的家庭，因此灾难性卫生支出和贫困往往不成比例地集中发生在那些并不富裕的人群当中，更常见于低收入家庭、老年人家庭以及患有慢性疾病的家庭中，而这刚好解释了为什么重大疾病保障的问题在中低收入国家和一些贫困、落后地区显得更为紧要和迫切。对柬埔寨的研究表明，有62%的登革热患者通过举债的方式治疗疾病，一年之后这些人仍在偿还债务和利息[④]。对越南和肯尼亚的研究表明，成年人死亡率较高的家庭的经济收入会出现显著的下降，降幅在25%~40%[⑤⑥]。

由于重大疾病患者的现金卫生支出会占据家庭收入的很大一部分，灾难性卫生支出的"挤出效应"往往会引起患者家庭除医疗卫生支出外，其他日常基本生活开支的减少。对于较为富裕的家庭而言，这会减少家庭非医疗消费支出。对于低收入家庭而言，为了筹资治愈疾病就只能消减家庭的食品、服装甚至教育等其他日常现金支出。有学者估计，在亚洲地区有约7 800万人在支付了医疗卫生费

① Yuanli Liu, Keqin Rao,William C. Hsiao, "Medical Expenditure and Rural Impove Rishment in China," *Journal of Health, Population and Nutrition* 21, no. 3(October 2003) :216-222.

② Khurshid Alam, Ajay Mahal, "The Economic Burden of Angina on Households in South Asia," *BMC Public Health* 14, no.1 (February 2014):179-191.

③ Mahal Ajay, Anup Karan, Victoria Y. Fan, et al., "The Economic Burden of Cancers on Indian Households," *PloS One* 8, no.8(August 2013):e71853.

④ Wim Van Damme, Luc Van Leemput, Ir Por, et al., "Out-of-Pocket Health Expenditure and Debt in Poor Households: Evidence from Cambodia," *Tropical Medicine & International Health* 9, no. 2(March 2004):273-280.

⑤ Adam Wagstaff, "The Economic Consequences of Health Shocks: Evidence from Vietnam," *Journal of Health Economics* 26, no.1(February 2007):82-100.

⑥ Jayne S. Thomas, Takashi Yamano, "Measuring the Impacts of Working-Age Adult Mortality on Small-Scale Farm Households in Kenya," *World Development* 32,no.1(February 2004):91-119.

用后，处于每天1美元的贫困线之下[①]。一份对中国3个城市747例结核病患者进行访谈及问卷调查的报告显示，有54.7%的被调查家庭的卫生支出超过了非食品类支出的40%[②]。一般而言，个人在面对一种风险的时候通常都不太愿意承担另一种风险。对经济损失的厌恶，会让一些现金卫生支出能力弱的患者在面对高额医疗卫生服务费用时选择推迟就医，减少或者是放弃一些治愈疾病所必需的医疗卫生服务项目[③④⑤⑥]。从短期来看，患者的这种做法似乎减少了经济损失，减轻了其所面临的现金卫生支出负担。但从长期来看，这样的选择会导致他们未来出现糟糕的健康状况、较差的家庭生产力、更少的收入，并将他们推向贫困[⑦]。灾难性卫生支出带来的直接经济后果，用我们的话来说就是因病致贫、因病返贫。

二、灾难性卫生支出的影响因素

根据国际研究结果，家庭产生灾难性卫生支出的影响因素主要包括家庭经济

① Eddy Van Doorslaer, Owen O'Donnell, Ravi P. Rannan-Eliya, et al., "Effect of Payments for Health Care on Poverty Estimates in 11 Countries in Asia: An Analysis of Household Survey Data," *The Lancet* 368, no. 9544 (October 2006):1357-1364.

② Chengchao Zhou, Qian Long, Jiaying Chen, et al., "Factors that Determine Catastrophic Expenditure for Tuberculosis Care: A Patient Survey in China," *Infectious Diseases of Poverty* 5, no.1 (December 2016):36-45.

③ Karaca Mandic Pinar, Geoffrey F. Joyce, Dana P. Goldman, et al., "Cost Sharing, Family Health Care Burden, and the Use of Specialty Drugs for Rheumatoid Arthritis," *Health Services Research* 45, no.5p1 (October 2010):1227-1250.

④ Virginia Wang, Chuan-Fen Liu, Christopher L. Bryson, et al., "Does Medication Adherence Following a Copayment Increase Differ by Disease Burden?" *Health Services Research* 46, no.6pt1 (June 2011):1963-1985.

⑤ Dina Balabanova, Bayard Roberts, Erica Richardson, et al., "Health Care Reform in the Former Soviet Union: Beyond the Transition," *Health Services Research* 47, no. 2 (September 2011):840-864.

⑥ Michael T. Eaddy, Christopher L. Cook, Ken O' Day, et al., "How Patient Cost-Sharing Trends Affect Adherence and Outcomes: a Literature Review," *Pharmacy and Therapeutics* 37, no.1 (January 2012):45-55.

⑦ Steven Russell, "Illuminating Cases: Understanding the Economic Burden of Illness through Case Study Household Research," *Health Policy and Planning* 20, no.5 (October 2005):277-289.

状况、是否参加医疗保险、家庭抚养系数等[①]。在中国，学者们使用灾难性卫生支出发生率、卫生筹资贡献率、平均差距、相对差距等测量指标，采用二元logistic 回归、Probit 模型、多元线性回归来分析灾难性卫生支出的影响因素。从研究结果来看，经济特征变量、家庭规模变量、人口学特征变量、地区特征变量、医疗保险变量、疾病特征变量是灾难性卫生支出的主要影响因素[②③④⑤]。

毋庸置疑的是，国内外学者通常都认为经济特征变量是影响灾难性卫生支出的主要因素，且早已在实证研究中进行了论证。从经济水平差别的角度看，灾难性卫生支出的发生率总体上随着经济水平的提高呈下降趋势，通常而言，贫困家庭灾难性卫生支出发生率最高。对澳大利亚的研究表明，收入最低的人群发生灾难性卫生支出的概率是收入最高的人群的 15 倍[⑥]。在中国，有学者对陕西省城市地区灾难性卫生支出不平等性进行分析，认为家庭经济状况对不平等的贡献率最大为 39.37%[⑦]。

在家庭规模变量方面，一般而言规模较大的家庭年经济收入水平要高于小规模家庭，因此较大规模家庭发生灾难性卫生支出的概率要小于小规模家庭。国际上关于家庭抚养系数对灾难性卫生支出的影响的研究表明，老年人或 5 岁以下儿

① 陶四海、赵郁馨、万泉、张毓辉、黄结平、王丽、杜乐勋：《灾难性卫生支出分析方法研究》，《中国卫生经济》2004 年第 4 期。

② 闫菊娥、郝妮娜、廖胜敏、李逸舒、石福妹：《新医改前后农村家庭灾难性卫生支出变化及影响因素——基于陕西省眉县的抽样调查》，《中国卫生政策研究》2013 年第 2 期。

③ 宛云英、罗敏、林燕、张菊英、应桂英、甘华平、谭铃：《四川农村低收入家庭灾难性卫生支出影响因素分析》，《现代预防医学》2011 年第 23 期。

④ 陈仁友、尹爱田、赵文静、韩志琰、王文华、许利刚、井珊珊、马东平、徐厚丽、侯珺：《滕州市农村居民灾难性卫生支出影响因素研究》，《中国卫生经济》2012 年第 3 期。

⑤ 黄术生、尹爱田：《山东省农村家庭灾难性卫生支出及其影响因素》，《中国公共卫生》2018 年第 9 期。

⑥ Emily J. Callander, Haylee Fox, Daniel Lindsay, “Out-of-Pocket Healthcare Expenditure in Australia: Trends, Inequalities and the Impact on Household Living Standards in a High-Income Country with a Universal Health Care System,” *Health Economics Review* 9, no.1 (December 2019):1-8.

⑦ 许永建、李艳丽、张文亚、杨金娟、周忠良、任建萍、高建民：《陕西省城市地区灾难性卫生支出不平等性分解分析》，《中国卫生经济》2015 年第 12 期。

童占比较大的家庭更有可能发生灾难性卫生支出[①②③]。

在人口学特征变量方面，随着年龄的增长，人对医疗卫生服务的需求会显著增加，家庭医疗卫生支出也会随之增加。在很多关于灾难性卫生支出的研究中，家中是否有 60 岁以上老人一直被视作重要的影响因素。对中国中老年慢性非传染性疾病家庭疾病经济风险分析的研究表明，中老年慢病家庭灾难性卫生支出发生率和发生强度较高[④]。

在医疗保险变量方面，国际经验表明医疗保险可以帮助发生灾难性卫生支出的重大疾病患者家庭降低财务风险，但实际产生的效果和作用往往是有限的[⑤⑥⑦]。根据世界卫生组织研究报告，发生灾难性卫生支出的家庭的比例与自付医疗费用占总医疗费用的比例之间有总体上的正相关关系。自付医疗费用增加 1%，家庭灾难性医疗支出的发生率提高 2.2%。对中国 2003 年、2008 年、2011 年 NHSS（National Health Services Survey，国家卫生服务调查）数据的研究表

---

① Ye Li, Qunhong Wu, Ling Xu, et al., "Factors Affecting Catastrophic Health Expenditure and Impoverishment from Medical Expenses in China: Policy Implications of Universal Health Insurance," *Bulletin of the World Health Organization* 90, no.9 (September 2012):664-671.

② Wuxiang Shi, Virasakdi Chongsuvivatwong, Alan Geater, et al., "Effect of Household and Village Characteristics on Financial Catastrophe and Impoverishment Due to Health Care Spending in Western and Central Rural China: A Multilevel analysis," *Health Research Policy and Systems* 9, no.1 (June 2011) :16-21.

③ Hoang Van Minh, Nguyen Thi Kim Phuong, Priyanka Saksena, et al., "Financialburden of Household Out-of Pocket Health Expenditure in Viet Nam: Findings from the National Living Standard Survey 2002—2010," *Social Science & Medicine* 96(December 2012):258-263.

④ 匡晶晶、王中华、杜晶琳：《中国中老年慢性非传染性疾病家庭疾病经济风险分析》，《南京医科大学学报（社会科学版）》2017 年第 3 期。

⑤ Narayanan Devadasan, Bart Criel, Wim Van Damme, et al., "Indiancommunity Health Insurance Schemes Provide Partial Protection against Catastrophic Health Expenditure," *BMC Health Services Research* 7, no.1(February 2007):43.

⑥ Supon Limwattananon, Viroj Tangcharoensathien, Phusit Prakongsai, "Catastrophic and Poverty Impacts of Health Payments: Results from National Household Surveys in Thailand," *Bulletin of the World Health Organization* 85, no.8(September 2007) :600-606.

⑦ Kei Kawabata, Ke Xu, Guy Carrin, "Preventing Impoverishment through Protection against Catastrophic Health Expenditure," *Bulletin of the World Health Organization* 80, no. 8(February 2002): 612 -613.

明，随着覆盖率、报销比例的提高，家庭灾难性卫生支出的发生率并没有明显下降，直到 2011 年，仍有 12.9% 的家庭面临灾难性卫生支出问题①。关于中国三种基本医疗保障制度下的灾难性卫生支出发生率的研究表明，新农合参合者的疾病经济风险是城镇职工的两倍；三种医疗保障制度中城居保和新农合参保（合）者的疾病经济负担较高②。医疗保险有效降低了低收入家庭的灾难性卫生支出风险，但对慢性病、老年家庭的作用有限③。

在地区特征变量方面，因城乡经济社会发展、居民家庭收入存在差距，城乡家庭灾难性卫生支出发生的概率也是不同的，一般而言农村家庭的灾难性卫生支出风险较高。对塞尔维亚的研究表明，该国农村地区人口多的家庭和长期患病的家庭中发生灾难性卫生支出的概率较之城市更高④。在中国，城乡二元差异是客观存在的，影响着民众生活的方方面面。与城镇家庭相比，农村家庭发生灾难性卫生支出的风险更高⑤⑥。

在疾病特征变量方面，已有研究大多认同罹患恶性肿瘤、脑血管病、心脏病、慢性病、艾滋病等疾病十分容易导致灾难性卫生支出的发生⑦⑧。对中国湖北省城乡居民吉非替尼、曲妥珠单抗、舒尼替尼三种抗肿瘤靶向药物的可负担性的

---

① Meng Qun, Xu Ling, Zhang Yaoguang, et al., "Trends in Access to Health Services and Financial Protection in China between 2003 and 2011: A Cross-Sectional Study," *The Lancet* 379, no.9818 (March 2012):805-814.

② 闫永亮、闫菊娥、赖莎、徐艳、王明奇、王亚茹、高建民：《三种医疗保障制度参保者疾病经济风险及负担研究》，《中国卫生经济》2012 年第 2 期。

③ 周钦、臧文斌、刘国恩：《医疗保障水平与中国家庭的医疗经济风险》，《保险研究》2013 年第 7 期。

④ Jelena Arsenijevic, Milena Pavlova, Wim Groot, "Measuring the Catastrophic and Impoverishing Effect of Household Health Care Spending in Serbia," *Social Science & Medicine* 78, no.1 (November 2012):17-25.

⑤ 徐文娟、褚福灵：《灾难性卫生支出水平及影响因素研究——基于 charls 数据的分析》，《社会保障研究》2018 年第 5 期。

⑥ 朱铭来、宋占军、王歆：《大病保险补偿模式的思考——基于天津市城乡居民住院数据的实证分析》，《保险研究》2013 年第 1 期。

⑦ 马东平、商晓、常璇、尹爱田：《山东省农村慢性病家庭灾难性卫生支出及影响因素研究》，《中国卫生经济》2015 年第 4 期。

⑧ Adam Wagstaff, "The Economic Consequences of Health Shocks: Evidence from Vietnam," *Journal of Health Economics* 26, no.1(February 2007):82-100.

研究表明，如果按灾难性卫生支出评价法，三种药物降价 50% 再经医保报销，分别会造成 20%、59.28%、35.48% 的城镇用药患者以及 50.63%、74.72%、75.93% 的农村用药患者产生灾难性卫生支出①。慢性病通常会导致家庭劳动力的减少，患有慢性病的人更有可能离开工作岗位②。对有、无慢性病患者的家庭的灾难性卫生支出的比较研究表明，有慢性病患者的家庭的灾难性卫生支出发生率和发生强度均高于无慢性病患者的家庭③④⑤。

在其他影响因素研究方面，有研究表明户主为男性、受教育程度较高的家庭发生灾难性卫生支出的财务风险较小⑥。有研究认为没有医疗保险的情况下，医疗机构的性质是灾难性卫生支出的一个影响因素，患者在私营医疗机构就医比在公立医疗机构、非政府组织医疗机构就医更容易发生灾难性卫生支出⑦，在私立医院住院接受医疗卫生服务的家庭更有可能面临贫困⑧。还有一些研究认为新医疗技术的普及也是灾难性卫生支出发生的原因之一⑨，癌症治疗费用不断上升可能

---

① 田梦媛、崔丹、张欲晓、殷潇、方欣、胡江蔺：《3 种抗肿瘤靶向药物的可负担性评价——以湖北省为例》，《中国药房》2017 年第 20 期。

② Van Rijn, Rogier M, Suzan J.W. Robroek, et al., "Influence of Poor Health on Exit from Paid Employment: A Systematic Review," *Occupational and Environmental Medicine* 71, no.4(October 2013):295-301.

③ 匡晶晶：《基本医疗保险制度对中老年慢病家庭疾病经济风险影响的实证研究》，硕士学位论文，南京医科大学，2017 年，第 34 页。

④ 黄宵、向国春、李婷婷、顾雪非：《医疗保障对降低城市贫困家庭慢性病经济风险的效果研究》，《卫生经济研究》2017 年第 8 期。

⑤ Jae-Woo Choi, Jong-Won Choi, JaeHyun Kim, et al., "Association between Chronic Disease and Catastrophic Health Expenditure in Korea," *BMC Health Services Research* 15, no.1(January 2015):26.

⑥ Paul Gertler, Jonathan Gruber, "Insuring Consumption against Illness," *American Economic Review* 92, no.1 (February 2002):51-70.

⑦ Ijeoma Edoka, Barbara McPake, Tim Ensor, et al., "Changes in Catastrophic Health Expenditure in Post-Conflict Sierra Leone: An Oaxaca-Blinder Decomposition Analysis," *International Journal for Equity in Health* 16, no.1 (December 2017):166-181.

⑧ Supon Limwattananon, Viroj Tangcharoensathien, Phusit Prakongsai, "Catastrophic and Poverty Impacts of Health Payments: Results from National Household Surveys in Thailand," *Bulletin of the World Health Organization* 85, no.8(September 2007):600-606.

⑨ Myoung Sheen Kang, Hoo Sun Jang, Minjee Lee, "Sustainability of Korean National Health Insurance," *Journal of Korean Medical Science* 27, no.Suppl (May 2012):21-24.

与癌症手术费、辅助性治疗药物费用以及总体物价水平的不断上涨有关①。

回顾文献可发现，重大疾病或灾难性卫生支出无论是从宏观还是微观来看，都会导致较大的经济和社会福利损失，经济、医疗保险等因素是影响灾难性卫生支出的主要因素，同时也是影响重大疾病患者医疗卫生服务需求的重要因素。医疗保险是具有共同保险特征的保险产品，存在着正向和逆向两种收入分配效应，究竟发挥什么样的调节作用主要取决于制度模式、覆盖范围、制度设计、制度衔接、管理服务等相关影响因素。还需要注意的是，各国过去可能将某些疾病的保护列为优先事项，因为这些疾病容易发生在弱势群体身上，在国际议程上具有优先地位。然而，随着人口老龄化的发展和慢性疾病数量的增加，越来越多的家庭有可能会发生灾难性卫生支出。各国医疗卫生公共政策的设计者应注意非恶性肿瘤（癌症）、非传染性疾病有可能会成为未来影响家庭灾难性卫生支出的重要因素，并考虑为这些疾病提供降低财务风险的综合政策和福利方案。

① Joan L. Warren, Yabroff K. Robin, Angela Meekins, et al., "Evaluation of Trends in the Cost of Initial Cancer Treatment," *Journal of the National Cancer Institute* 100, no.12 (June 2008):888-897.

第三章　中国统筹城乡居民医保与重大疾病保障

在中国，医疗保障事业是一项重要的社会事业，是促进改革发展和事关百姓健康的重大民生工程。在中国医疗保障事业数十年发展历程中，如何统筹城乡发展、破解二元结构难题、促进基本医疗卫生服务均等化，不断提高人民群众的现实获得感，一直是医改中政府、社会特别关注的议题。

第一节　中国统筹城乡居民医保制度

社会保障制度是一项与人民生活息息相关的重要社会制度，能够在人们面对疾病、死亡、失业等影响生存和发展的问题时给予物质上的帮助。医疗保障制度是为解决人们防病治病问题而筹集、分配和使用医疗保险基金的制度，是社会保障制度的一个重要组成部分。中华人民共和国成立以来，中国医疗保障制度经历了一个从无到有、逐步优化的发展过程。

一、统筹城乡居民医保的建设

1952 年，在计划经济体制下，为解决国家机关、事业单位和企业职工的看病就医问题，针对城镇职工，国家通过卫生部门颁布了公费医疗和劳保医疗制度。1955 年，农业合作化发展进入高潮期，具有医疗保险性质的农村合作医疗制度出现，该制度以农村居民为对象，是在基本没有政府投入的情况下建立起的低水平、广覆盖的集资医疗保障制度。改革开放后，中国医疗卫生体制开始“运用经济手段管理卫生事业”，出台了“以工助医、以副补主”，以及“支持有条件的单位办成经济实体或实行企业化管理，做到自主经营、自负盈亏”[①] 等政策，积极推动医疗卫生服务市场化、产业化。但在工业化、现代化语境下，“中心—边缘”结构的医疗卫生体制突出了对“效率”的追求，强调经济效益和产出，“看病贵”的问题开始凸显。同时，“抓大放小”的发展方式还导致了医疗卫生服务出现两极分化。

为避免计划经济体制下医疗保障制度的固有弊端和解决市场化改革带来的问题，1994 年，国家体改委、财政部、劳动部、卫生部联合颁布了《关于职工医疗制度改革的试点意见》。以江西省九江市和江苏省镇江市为试点，对职工医疗保险制度进行改革。1998 年，国务院颁布了《国务院关于建立城镇职工基本医疗保险制度的决定》，标志着公费、劳保医疗制度被城镇职工基本医疗保险制度（以下简称“职工医保”）所取代。2002 年，中共中央、国务院颁布了《中共中央 国务院关于进一步加强农村卫生工作的决定》，明确提出“逐步建立新型农村合作医疗制度”，新型农村合作医疗这一概念由此形成。为解决职工医保和新农合覆盖盲点问题，2007 年，国务院出台了《国务院关于开展城镇居民基本医疗保险试点的指导意见》，选取试点建立城镇居民基本医疗保险制度。至此，覆盖我国城乡居民的基本医疗保障体系基本形成。

二、统筹城乡居民医保的路径与方式的讨论

从世界范围看，与中国城乡统筹相近的城乡一体化理论的雏形最早出现在圣西蒙（Saint-Simon）、傅里叶（Fourier）和欧文（Owen）等空想社会主义（utopian socialism）学者的著述中。他们认为，城乡一体化是未来理想社会的一种愿景，理想社会中没有城乡的差别和对立，城市与农村处于平等的地位。受城乡二元经济结构影响，在以城市为核心、以工业为重心、以经济增长为导向的传统城市化进程中，我国城乡间、不同人群间在基础教育、公共医疗、社会保障等基本公共服务方面的差距逐步拉大，并由此引发了很多社会公平、公正问题。就医疗

① 卫生部：《卫生部关于深化卫生改革的几点意见》，1992 年 9 月 23 日。

卫生体系建设而言，卫生资源配置“市场失灵”“政府失灵”共生的现象出现，即在发达地区与欠发达地区、城市与乡镇、“大医院”与基层医疗服务机构三个层面上，卫生资源的配置都不同程度地出现了闲置浪费与投入不足“伴生”的问题，导致卫生服务的可及性、公平性受到了极大的挑战。

从中国城乡统筹的本意而言，其包含了经济一体化、社会一体化、制度一体化等多方面的内容，从“治本”的角度来说，单靠经济的发展并不能破解城乡二元经济结构、二元制度带来的公平等方面的问题，实现“以人为本”的城乡一体化。就当前的主要任务看，统筹城乡的首要任务应当是消除城乡居民在户籍、就业、社保、教育、医疗、税收等社会权利方面的不公平，实现政策的统一和制度的公平。在社会保障体系建设方面，应以完善社会保险、社会救助、社会福利为基础，以基本养老、基本医疗、最低生活保障制度为重点，以慈善事业、商业保险为补充，不断健全社会保障体系。具体到医疗卫生服务上，就是创新医疗卫生政策，在满足新城市居民需求的同时，还应为仍在农村地区的人们提供医疗卫生服务。

在统筹城乡居民医保的必要性问题上，学者们很早就已达成了共识。相当数量的学者认为中国城乡社会医疗保险制度分设、多头管理、经办分散的“二元三制”（城乡二元结构下存在着城镇职工基本医疗保险、城镇居民基本医疗保险、新型农村合作医疗三种基本医疗保险制度）导致制度“碎片化”现象十分严重，存在着制度衔接难、制度漏洞多、重复参保、管理效率低、群众医疗负担重、医疗资源配置不尽合理等问题①②③④⑤。从全面建立中国特色医疗保障制度的视角看，当前中国医疗卫生保障体系中存在着人民群众不断提高的健康需求和医保体系发展不充分、城乡保障不平衡的矛盾。要提升中国城乡居民医保的公平性、可

① 周寿祺：《城乡医保制度能否“衔接”》，《中国农村卫生事业管理》2007 年第 1 期。

② 刘洪清：《城乡居民医保网呼之欲出》，《中国社会保障》2007 年第 4 期。

③ 万秀凤、刘洪清：《看兴化城乡医保如何并轨管理》，《中国社会保障》2007 年第 5 期。

④ 王保真、陈蓓：《浅谈多层次医疗保障体系的发展趋势》，《中国卫生政策研究》2008 年第 1 期。

⑤ 王德平：《统筹城乡八年医保路》，《中国劳动保障》2008 年第 9 期。

及性，解决好群众“看病难、看病贵”的问题，就必须对三大制度进行整合。

在统筹城乡居民医保的实施步骤与具体方案上，学者们基本上一致认为中国国情决定了统筹城乡居民医保是一个与经济和社会发展水平相适应的渐进式融合进程，应在政府主导下通过分阶段、分层推进的方式来实现，不能一蹴而就。如郑功成从公平、正义、共享的价值理念出发，提出了城乡居民医保、全民医保、省级统筹到全国统筹的“三步走”方案①；申曙光、彭浩然认为结合中国国情，应该选择“稳步推进”的方式实现全民医保，通过消除制度间的差距与不平等、推进医疗保障筹资和管理服务方面的制度一体化、逐渐提高医疗保障水平三个步骤来最终实现人人享有普惠、公平的医保服务的目标②；顾海等对江苏省统筹城乡医保制度进行研究后，认为应该建立省级统筹、多层次自由选择、适度保障的城乡医保统筹的制度框架，以期平衡城乡医保待遇差距，并最终实现城乡医疗保障的一体化③；党敏恺认为改革应该循序渐进地推进，并提出“分项目、分人群、分区域、分阶段”的实现路径④；王琬认为制度整合的路径可以分为建立统一和完善的城乡居民医疗保险制度、建立一体化的全民医疗保险制度、建立全民健康保险制度三个阶段⑤。

对于统筹城乡居民医保的方法和路径选择，由于各地在人口结构与经济发展水平以及统筹城乡居民医保的覆盖人群、保障范围、管理主体等方面存在着一定的差异，各地采用了“一制一档”或“一制多档”，新农合和城居保“二合一”或是新农合、城居保、城职保“三合一”等不同的形式，且大多在市（州）、县（市）层面上进行统筹。对此，顾海，仇雨临等，周良荣等，喻子畅，高广颖等，熊先军等学者进行了分析和总结，并对这些模式的未来完善提出了一些具体的整

① 郑功成：《中国社会保障改革与发展战略——理念、目标与行动方案》，人民出版社，2008年，第44页。

② 申曙光、彭浩然：《全民医保的实现路径——基于公平视角的思考》，《中国人民大学学报》2009年第2期。

③ 顾海、胡大洋、李佳佳：《江苏省构建城乡医保统筹制度研究》，《江苏社会科学》2009年第6期。

④ 党敏恺：《论新农合与居民医保衔接的基本框架》，《前沿》2012年第13期。

⑤ 王琬：《城乡医保制度整合研究：基于地方经验的考察》，《学术研究》2018年第1期。

合框架与建议①②③④⑤⑥。对于在统筹城乡居民医保的实践中出现的多种统筹模式，一些学者认为其具有一定合理性和现实需求。统筹城乡居民医保不应该简单地“一刀切”，而是要给予民众更多的选择空间，允许城乡居民在筹资水平、保障水平不同的参保层次中进行自由选择⑦⑧。有学者认为考虑到城乡经济发展差异、社会公平、管理效率等方面的综合因素，一些地区尤其是城乡间经济和社会发展水平差异明显、城乡居民收入差距较大的地区，可以结合自身状况来选择“一制一档”“一制多档”或者是“分档筹资、待遇分档”⑨。与以上结论不同，有学者认为一些地区的城乡医保整合，强化了城乡医保的“碎片化”建制程度，不但“整而未合”，甚至使城乡医保陷入了“再碎片化”悖论⑩。

三、统筹城乡居民医保实践面临的问题

在统筹城乡居民医保的主要制约因素的研究上，首先，学者们普遍认为管理

---

① 顾海：《中国统筹城乡医疗保障制度模式与路径选择》，《学海》2014 年第 1 期。

② 仇雨临、郝佳、龚文君：《统筹城乡医疗保障制度的模式与思考——以太仓、成都为例》，《湖北大学学报（哲学社会科学版）》2010 年第 2 期。

③ 周良荣、谭健、董蓓蓓：《基于城乡一体化的我国社会医疗保险制度创新研究》，《社会保障研究》2010 年第 5 期。

④ 喻子畅：《医保制度改革：从城镇保障到城乡统筹——医疗保障“马鞍山模式”研究》，《社会保障研究》2010 年第 1 期。

⑤ 高广颖、梁民琳、陈治水、郭欣欣：《试论新农合与居民医保一体化管理的条件和原则分析》，《中国卫生经济》2011 年第 7 期。

⑥ 熊先军、孟伟、严霄、高星星：《医保城乡统筹的路径走势——统筹城乡基本医疗保险制度与管理系列之一》，《中国社会保障》2011 年第 6 期。

⑦ 王红漫、陈燕婧、林楠：《我国医疗保障制度城乡统筹实证研究——山东省居民社会医疗保险满意度调查及自由选择医保制度可行性分析》，《国外医学（卫生经济分册）》2014 年第 2 期。

⑧ 马超、顾海、孙徐辉：《参合更高档次的医疗保险能促进健康吗？——来自城乡医保统筹自然实验的证据》，《公共管理学报》2015 年第 2 期。

⑨ 易沛、张伟：《城乡居民医保制度整合标准的可持续性研究——基于“一制一档”与“一制多档”的比较》，《公共管理学报》2018 年第 4 期。

⑩ 孙淑云：《我国城乡基本医保的立法路径与整合逻辑》，《河北大学学报（哲学社会科学版）》2015 年第 2 期。

体制是一个主要的影响因素。“二元三制”的中国社会保障制度，在实际运行中存在着管理分割、人群分割、城乡分离的体制性缺陷和不同主管部门之间的利益博弈问题[①②]。从实践来看，各个地区在如何统筹城乡医保、谁来统筹、怎样统筹上的讨论和争辩，事实上就是社会医疗保险管理职能划分以及权利之争[③]。其次，是地区经济与社会发展。地区的经济发展水平是实现城乡医保整合的重要前提[④]，城乡和区域经济社会不平衡发展使城乡三项医保制度各个环节要素差异较大而难以整合[⑤]，是在县（市）还是在市（州）层面上进行统筹取决于地方经济社会的发展程度[⑥]。再次，从医疗保险法制建设来看，相关法律条规的不健全导致了医保制度运行缺乏法律保障。虽然《中华人民共和国社会保险法》早已出台，但是一些地方政府对其事实上的搁置使得统筹城乡居民医保面临了更多的约束。因此，保证医保管理良性运转，就需要通过立法拆解政府部门利益，力求基本医疗保险各方利益平衡[②⑦⑧]。最后，是三大保障制度在筹资与保障水平等制度设计上的差异。从覆盖的人群来看，新农合、城居保所覆盖的人群多为非正规就业群体，且筹资水平、保障水平相当，城职保在筹资方式、缴费水平、保障水平、医保基金规模等方面与城居保存在着较大的差异，这使得三大保障制度融合存在着一定的现实困难。如果不考虑新农合、城居保制度赖以生存的经济基础土壤和现实中的保障水平差异，就非常有可能导致新的不公平，大大降低制度融合的吸引力。

在统筹城乡居民医保未来的发展与完善上，学者们一致认为统筹城乡居民医

---

① 孙淑云：《我国城乡基本医保的立法路径与整合逻辑》，《河北大学学报（哲学社会科学版）》2015 年第 2 期。

② 孙淑云：《中国基本医疗保险立法困局、症结及其出路》，《山西大学学报（哲学社会科学版）》2017 年第 3 期。

③ 金维刚：《统筹城乡医保的困境与出路》，《中国医疗保险》2012 年第 4 期。

④ 仇雨临、翟绍果、郝佳：《城乡医疗保障的统筹发展研究：理论、实证与对策》，《中国软科学》2011 年第 4 期。

⑤ 申曙光：《全民基本医疗保险制度整合的理论思考与路径构想》，《学海》2014 年第 1 期。

⑥ 李亚青：《社会医疗保险财政补贴增长及可持续性研究——以医保制度整合为背景》，《公共管理学报》2015 年第 1 期。

⑦ 胡大洋：《全民医保目标下的制度选择》，《中国药物经济学》2008 年第 1 期。

⑧ 夏迎秋、景鑫亮、段沁江：《我国城乡居民基本医疗保险制度衔接的现状、问题与建议》，《中国卫生政策研究》2010 年第 1 期。

保在制度完善方面还有很大的提升空间。有学者认为新时期统筹城乡居民医保，迫切需要加强顶层设计，强化公平正义理念，向追求实质公平转变[①]。在健康中国战略下，医疗保障制度体系的功能定位应逐步向“健康保障”延伸，逐步走向“价值医保”[②]；应以“有利于提高医疗保障水平、有利于提高医疗服务水平、有利于减少成本和提高效率”为衡量改革成败的标准，走“政社分开、管办分开”的改革之路[③]。全民医保应该在基本医疗保险均等化的基础上，按照收入水平的不同建立主辅结合的分层保障模式，同时在均等基础上体现差别，在统一基础上形成层次，发挥政府和市场的双重作用，满足社会成员的不同需求[④]。

第二节　中国重大疾病保障制度

从社会实践看，中国城乡居民重大疾病患者的医疗卫生服务保障体系是一个以社会保险为主，补充医疗保险或商业健康保险为辅，慈善救助、社会帮扶、企业捐助等非正式制度救助为补充，大病医疗救助托底的结构。在社会保障制度的框架中，“基本医保 + 大病保险 + 医疗救助”的“三重保障”构成了覆盖城乡居民的重大疾病保障制度。本节将对新医改以来大病保险、城乡大病救助制度建设与发展情况和国家各相关部门的有关主要文件进行梳理，并对大病保险实施后国内学者的研究情况进行一个简单的介绍。

一、大病保险

对于现阶段大病保险的性质，中国政府官方和很多学者都将其界定为一项政策性保险业务，而非一般意义上的商业重疾险。大病保险是在不增加民众负担的

---

① 袁涛、仇雨临：《从形式公平到实质公平：居民医保城乡统筹驱动路径反思》，《社会保障研究》2016 年第 1 期。

② 顾雪非、赵斌、刘小青：《全民医疗保障体系：成就、形势与展望》，《中国发展观察》2019 年第 6 期。

③ 褚福灵：《整合城乡医保管理体制的意义与思路》，《中国医疗保险》2015 年第 2 期。

④ 严妮、胡瑞宁：《基于城乡居民医保整合背景的全民医保制度反思》，《社会保障研究》2017 年第 3 期。

前提下，从基本医疗基金中划拨资金，进一步提高重大疾病患者的医疗卫生服务费用补偿（报销）水平，减轻患者家庭卫生支出的经济负担。从与大病保险相关的政策文件上看，2009 年中共中央、国务院印发的《中共中央 国务院关于深化医药卫生体制改革的意见》中提出的“积极提倡以政府购买医疗保障服务的方式，探索委托具有资质的商业保险机构经办各类医疗保障管理服务”，为各地大病保险制度建立和商业化经办提供了政策依据。文件出台后不久，广东省湛江市就从城乡居民基本医保基金中拿出部分基金购买商业保险机构经营的城乡居民大额补充医疗保险，将当地农村居民、城镇居民个人最高医疗保险报销限额从 1.5 万元分别提升到了 5 万元和 8 万元，打造了全国知名的“湛江模式”。2012 年，在对新农合商业化经办的地方经验、问题和成效进行总结的基础上，卫生部、保监会、财政部、国务院深化医药卫生体制改革领导小组办公室联合下发《关于商业保险机构参与新型农村合作医疗经办服务的指导意见》，对商业保险机构参与新农合经办服务的做法予以引导和规范。

2012 年 8 月，国家发展改革委等六部委根据《关于印发“十二五”期间深化医药卫生体制改革规划暨实施方案的通知》文件精神，制定并联合发布了《关于开展城乡居民大病保险工作的指导意见》，首次从中央政府层面明确提出建立大病保险制度，减轻城居保、新农合参保（合）人员的大病经济负担，减少因病致贫、因病返贫的社会现象。为鼓励地方政府积极推进大病保险制度建设和探索商业化经办模式，国务院在随后出台的《关于促进健康服务业发展的若干意见》中提出，推进商业保险公司承办城乡居民大病保险，扩大人群覆盖面。据不完全统计，截至 2013 年 12 月 15 日，山东、青海、安徽、山西、河北、湖北、江苏、辽宁、内蒙古、陕西、浙江、福建、四川、河南、吉林、广东、广西、甘肃、贵州、湖南、云南、新疆、宁夏、江西、重庆等 25 个省级行政单位已经出台开展大病保险工作的具体方案[①]。

大病保险在全国铺开后，经办与管理模式成了全社会十分关注的一个重要问

① 宋占军：《城乡居民大病保险运行评析》，《保险研究》2014 年第 10 期。

题。对此，2014 年 11 月国务院办公厅印发的《关于加快发展商业健康保险的若干意见》予以明确，全面推进商业保险机构受托承办城乡居民大病保险，发挥市场机制作用，提高大病保险的运行效率、服务水平和质量。开展大病保险试点工作的初期，中央政府连续出台文件，有力地推进了大病保险在全国的铺开，地方政府在实践中形成了“太仓模式”“湛江模式”“江阴模式”“襄阳模式”等一些各具特色的大病保险建设的地方模式。

在大病保险前期试点和推进过程中，由于各试点进展不平衡、发展不充分，试点工作逐渐暴露出一些新情况、新问题，部分地区群众的大病医疗费用负担仍然显得过重。为加快推进大病保险建设，2015 年国务院办公厅印发的《关于全面实施城乡居民大病保险的意见》提出：“2015 年底前，大病保险覆盖所有城镇居民基本医疗保险、新型农村合作医疗（以下统称城乡居民基本医保）参保人群，大病患者看病就医负担有效减轻。”该文件从中央政府层面，明确了全国建立全面覆盖城乡居民的大病保险制度的时间节点、工作要求和主要任务。在随后出台的《关于推进分级诊疗制度建设的指导意见》中，中央政府结合建立符合国情的分级诊疗制度、全面提升县级公立医院综合能力、促进基本医疗卫生服务公平可及的要求，提出将县域内就诊率提高到 90% 左右，基本实现大病不出县的发展目标。

大病保险不能单独筹资，大病保险基金按照一定的比例从基本医疗保险基金中划拨而来。大病保险在全国铺开后，筹资水平偏低的现实一直制约着大病保险保障水平的快速提升。一些基本医疗保险基金池规模小、结余少，甚至没有结余的地区，还不同程度地出现了大病保险基金当年收支总额入不敷出的问题。为保障大病保险业务的健康持续开展，提高大病保险制度托底保障的精准性，2016 年国家卫生计生委等八部委发布《关于做好 2016 年城乡居民大病保险工作的通知》，明确各地要提高大病保险筹资水平，当年城乡居民基本医保财政补助人均新增 40 元，其中 10 元用于大病保险。此举在原有按比例划拨大病保险基金方式的基础上，用固定金额的办法保障了各地大病保险基金当年的基本增幅。

2016年下半年，一些首批试点地区委托商业保险公司经办大病保险的服务合同（协议）陆续到期，新一轮的招投标工作迫在眉睫。为规范大病保险市场秩序，解决第一轮商业保险公司经办中出现的问题，保监会在2016年连续发布了《保险公司城乡居民大病保险投标管理暂行办法》《保险公司城乡居民大病保险服务业务基本规范（试行）》《保险公司城乡居民大病保险财务管理暂行办法》《保险公司城乡居民大病保险风险调节管理暂行办法》《保险公司城乡居民大病保险市场退出管理暂行办法》等五项制度，对保险公司参与大病保险的投标管理、风险调节、市场退出等方面提出明确的规范和要求，引入退出机制，并限制三年经营，促进大病保险业务的健康有序发展。

大病保险在全国铺开以来，其与商业重疾险间是否存在实质上的竞争关系一直是一个有争议性的话题。一些学者认为，大病保险的快速发展难掩经营过程中存在的定位不清、挤压商业健康保险发展空间的事实。但也有学者认为，两者在属性、对象、内容和范围上有差异，是一个相互依赖、共同发展的关系。对此，2016年10月中共中央、国务院在印发的《“健康中国2030”规划纲要》中指出，要积极发展商业健康保险，落实税收等优惠政策，鼓励企业、个人参加商业健康保险及多种形式的补充保险[①]，将商业健康保险在未来多层次医疗保障体系中的定位明确为补充保险。

表3-1所列为2009—2016年国家相关部门出台的关于大病保险的主要文件。

表3-1　2009—2016年国家相关部门出台的关于大病保险的主要文件

颁布时间	颁布机构	文号	名称
2009年3月17日	中共中央、国务院	中发〔2009〕6号	《中共中央 国务院关于深化医药卫生体制改革的意见》
2012年3月14日	国务院	国发〔2012〕11号	《关于印发“十二五”期间深化医药卫生体制改革规划暨实施方案的通知》

① 中国共产党中央委员会、中华人民共和国国务院：《“健康中国2030”规划纲要》，2016年10月25日。

续表

颁布时间	颁布机构	文号	名称
2012年4月11日	卫生部等部门	卫农卫发〔2012〕27号	《关于商业保险机构参与新型农村合作医疗经办服务的指导意见》
2012年8月24日	国家发展改革委等	发改社会〔2012〕2605号	《关于开展城乡居民大病保险工作的指导意见》
2013年9月28日	国务院	国发〔2013〕40号	《关于促进健康服务业发展的若干意见》
2014年11月17日	国务院办公厅	国办发〔2014〕50号	《关于加快发展商业健康保险的若干意见》
2015年8月2日	国务院办公厅	国办发〔2015〕57号	《关于全面实施城乡居民大病保险的意见》
2015年9月11日	国务院办公厅	国办发〔2015〕70号	《关于推进分级诊疗制度建设的指导意见》
2016年7月26日	国家卫生计生委等八部委	国医改办发〔2016〕2号	《关于做好2016年城乡居民大病保险工作的通知》
2016年10月9日	保监会	保监发〔2016〕86号	《保险公司城乡居民大病保险投标管理暂行办法》《保险公司城乡居民大病保险服务业务基本规范（试行）》《保险公司城乡居民大病保险财务管理暂行办法》《保险公司城乡居民大病保险风险调节管理暂行办法》《保险公司城乡居民大病保险市场退出管理暂行办法》

资料来源：根据政府公开文件资料整理。

大病保险实施以来，很多学者从大病保险制度的国内外比较、保障效果、政策改进等方面进行了研究。在制度比较研究方面，王琬、孙冬悦等人较早介绍了美国、英国、德国、日本、新加坡、韩国等国家重大疾病保障制度的发展与建设经验[①②]。一些中国政府官员和学者（如孙志刚，徐善长，顾海，董曙辉，仇雨临等，宋占军，何文炯等）对大病保险的制度定性、制度目标、保障内容、筹资机制、经办模式、运行机制、支付能力等制度设计进行了探讨[③④⑤⑥⑦⑧⑨]，介绍了国内一些地区不同的大病保险经办模式的实施进展、取得的成效以及存在的问题。

在大病保险实施效果评价方面，关于先期试点地区实施情况、问题与对策研究的成果数量较多。这些研究在肯定各地大病保险建设成绩的同时，认为大病保险在制度设计上存在着筹资水平低、筹资渠道窄、起付线较高、封顶线作用小、保障水平不高等问题，在实际的运营和管理中存在着医疗保险基金支付压力大，商业经办机构经验不足、专业性优势不能体现及人力资源投入不足等问题[⑩]。

在实证研究方面，一些学者主要关注大病保险在降低参保（合）人员现金卫生支出和灾难性卫生支出方面起到的作用。这些研究采用了不同的灾难性卫生支出界定标准和阈值，以灾难性卫生支出发生率、平均差距、相对差距、集中指数等为评价指标，对大病保险在减少现金卫生支出、灾难性卫生支出方面的作用和效果进行了评价[⑪]。从研究结果来看，大多数研究都对大病保险降低了中国城乡居民因病致贫、因病返贫现象的发生率给予了肯定[⑫]。一些学者通过构建制度评

---

① 王琬：《建立重特大疾病保障机制的国际经验》，《中国医疗保险》2014 年第 7 期。

② 孙冬悦、孙纽云、房珊杉、董丹丹、梁铭会：《大病医疗保障制度的国际经验及启示》，《中国卫生政策研究》2013 年第 1 期。

③ 孙志刚：《实施大病保险是减轻人民就医负担的关键》，《行政管理改革》2012 年第 12 期。

④ 徐善长：《大病保险：健全医保体系的重要环节》，《宏观经济管理》2013 年第 3 期。

⑤ 顾海：《大病医保，太仓提供了什么经验？》，《社会观察》2012 年第 11 期。

⑥ 董曙辉：《关于大病保险筹资与保障范围的思考》，《中国医疗保险》2013 年第 4 期。

⑦ 仇雨临、黄国武：《大病保险运行机制研究：基于国内外的经验》，《中州学刊》2014 年第 1 期。

⑧ 宋占军：《城乡居民大病保险运行评析》，《保险研究》2014 年第 10 期。

⑨ 何文炯：《大病保险运行机制四大问题》，《中国社会保障》2014 年第 6 期。

⑩ 王黔京：《贵州城乡居民大病保险实施效果评价及对策研究——基于首批试点三个市（州）的实地调研》，《贵阳市委党校学报》2018 年第 3 期。

⑪ 陶四海、赵郁馨、万泉、张毓辉、黄结平、王丽、杜乐勋：《灾难性卫生支出分析方法研究》，《中国卫生经济》2004 年第 4 期。

⑫ 仇雨临、张忠朝：《贵州少数民族地区医疗保障反贫困研究》，《国家行政学院学报》2016 年第 3 期。

价指标的方式，对大病保险取得的成效进行评价。从研究的结果来看，这些研究向我们表明大病保险的补偿效果在发达地区与西部落后地区间、不同收入水平和户籍的人群之间存在着一定的差异，补偿制度安排和基金规模大小是影响大病保险补偿效果的主要因素①②。

在大病保险的政策改进方面，学者们的研究主要集中于大病保险与其他医疗保障制度的衔接与整合上。在大病保险未来能否作为一个独立险种的问题上，一些学者认为大病保险是基本医疗保险的延伸和发展，在未来适当的时候应当将大病保险融入基本医保之中；一些学者认为大病保险目前的筹资方式和支付规模给基本医疗保险基金平衡造成了很大的压力，未来可以发展成为一个独立的险种，独立筹资、独立运营，缓解基本医疗保险基金的压力、降低运行风险。在大病保险与补充保险、大病医疗救助等制度的衔接问题上，多数研究认为当前大病保险与补充保险、大病医疗救助、商业健康保险的衔接不紧密，应该从顶层设计开始，强化大病保险与其他医保制度的政策衔接与融合。另外，商业健康保险在重大疾病保障上的“补位”功能有待发挥，要加快建立一个多层次、多形式的重大疾病医疗卫生服务保障体系。

二、城乡居民大病医疗救助

2009 年 6 月，为落实《中共中央 国务院关于深化医药卫生体制改革的意见》《国务院关于印发医药卫生体制改革近期重点实施方案（2009—2011 年）的通知》关于医疗卫生体制改革的任务安排，民政部等四部门联合出台了《关于进一步完善城乡医疗救助制度的意见》，文件提出用 3 年左右时间将城市医疗救助制度和农村医疗救助制度整合为城乡医疗救助制度，筑牢医疗保障底线。为规范城乡医疗救助基金的管理和使用，财政部、民政部印发了《城乡医疗救助基金管

① 丁一磊、杨妮超、顾海：《中国农村居民重大疾病保障制度评价指标体系构建及运行效果分析——以东中西部 101 个医保统筹地区为例》，《南京农业大学学报（社会科学版）》2017 年第 6 期。

② 刘彤彤、周绿林、詹长春、周玉金：《大病保险实施效果评价指标体系构建及应用》，《中国卫生经济》2018 年第 9 期。

理办法》，提出要建立城乡医疗救助基金专账，对原来分设的“城市医疗救助基金专账”和“农村医疗救助基金专账”进行合并，并废止了《财政部 民政部关于印发〈农村医疗救助基金管理试行办法〉的通知》《财政部 民政部关于加强城市医疗救助基金管理的意见》两个基金管理办法。2014 年 2 月，国务院向全社会发布《社会救助暂行办法》，通过立法的方式确立了关于医疗救助、临时救助的完整清晰的社会救助制度体系，经基本医疗保险、大病保险和其他补充医疗保险支付后，对救助对象个人及其家庭难以承担的符合规定的基本医疗自付费用给予补助。同时，《社会救助暂行办法》将因家庭成员突发重大疾病等导致基本生活暂时出现严重困难的家庭，列入了临时救助的范围。为推动城乡医疗救助制度在 2015 年底前实现整合，全面开展重特大疾病医疗救助工作，国务院办公厅转发民政部等部门的《关于进一步完善医疗救助制度全面开展重特大疾病医疗救助工作的意见》，提出适当拓展重特大疾病医疗救助对象范围，积极探索对发生高额医疗费用、超过家庭承受能力、基本生活出现严重困难家庭中的重病患者（以下称“因病致贫家庭重病患者”）实施救助。

大病保险和医疗救助是我国多层次医疗保障体系的重要组成部分，如何充分发挥两项制度的效能，发挥其保障困难群众基本医疗权益的基础性作用是中央政府在进行顶层制度设计时十分关注的问题。为加强大病保险制度、医疗救助制度两项制度的衔接，2017 年民政部等部委联合出台《关于进一步加强医疗救助与城乡居民大病保险有效衔接的通知》，对两项制度在对象范围、支付政策、经办服务、监督管理等方面的衔接予以了明确。对经大病保险报销后仍有困难的低保对象、特困人员、建档立卡贫困人口、低收入重度残疾人等困难群众（含低收入老年人、未成年人、重病患者）实施重特大疾病医疗救助，积极探索做好因病致贫家庭重病患者救助工作。

表 3-2 为 2009—2017 年国家相关部门出台的关于城乡居民大病医疗救助的主要文件。

表 3-2 2009—2017 年国家相关部门出台的关于城乡居民大病医疗救助的主要文件

颁布时间	颁布机构	文号	名称
2009 年 6 月 15 日	民政部等四部门	民发〔2009〕81 号	《关于进一步完善城乡医疗救助制度的意见》
2014 年 2 月 21 日	国务院	国务院令第 649 号	《社会救助暂行办法》
2015 年 4 月 21 日	国务院办公厅	国办发〔2015〕30 号	《关于进一步完善医疗救助制度全面开展重特大疾病医疗救助工作意见的通知》
2017 年 1 月 16 日	民政部、财政部等部委	民发〔2017〕12 号	《关于进一步加强医疗救助与城乡居民大病保险有效衔接的通知》

资料来源：根据政府公开文件资料整理。

第三节　中国重大疾病保障制度保障机制的作用方式

一、财务保障机制

保障城乡参保（合）重大疾病患者的基本医疗卫生服务需求、减轻患者家庭经济负担、降低全社会贫困发生率和提升社会人群健康水平是重大疾病保障制度建设的初衷。国内外学者的研究表明，医疗卫生服务是必需品，是缺乏需求弹性的。但在治愈重大疾病可能产生的高额医疗费用面前，一些中低收入家庭的患者还是选择了拖延治疗、自我诊疗，甚至是放弃治疗的方式来应对，这其中尤其以缺乏现金收入、“看不起病”的低收入家庭居多。对于中高收入家庭而言，虽然他们可以通过减少家庭非医疗支出、出售资产、举债等方式进行卫生筹资，但高额医疗费用还是显著增加了家庭因病致贫的风险。

2013 年 1 月，时任卫生部部长的陈竺在 2013 年全国卫生工作会议上解释说，虽然医保政策范围内报销比例已达 75%，但由于报销目录外用药未得到有效控制，实际报销比例只有 50% 左右，居民用药费用负担仍然较重[①]。这意味着中国重大疾病患者有不低于 50% 的医疗费用需要以现金卫生支出的方式向医疗卫生机构进行支付，高额的医疗费用将许多城乡居民家庭推向了贫困的边缘，同时也将很多缺乏现金收入的低收入家庭挡在了医疗服务机构的大门之外。从短期看，对于那些有一定储蓄的家庭来说，虽然可以通过使用存款、减少其他家庭日常开销来保障重大疾病患者所需的现金卫生支出，但与日俱增的卫生费用一点点蚕食着有限的家庭储蓄。经过一段时间后，患者家庭的现金卫生支付能力会出现明显的下降，向亲友借债、出售资产、抵押资产举债治疗的情况随时有可能出现，显著提高了家庭因病致贫的概率；对于那些存款较少，或者根本没有存款和现金来源的家庭来说，如果不放弃治疗，就只能通过财产抵押借贷、民间借贷等方式来解决卫生筹资问题，这样所产生的直接经济后果就是家庭陷入贫困之中。从中长期看，疾病带来的家庭劳动力减少、生活质量下降、人力资本贬损、日常看护等问题，会导致家庭就业能力和经济收入水平的进一步下降，家庭经济状况的持续恶化在较长时间内很难得到有效改善，债务的偿还更是无从提起。因此，无论是从短期还是从中长期来看，重大疾病的高额医疗费用十分有可能提高患者家庭陷入贫困的概率。

重大疾病保障制度的财务保障机制的作用方式如图 3-1 所示。

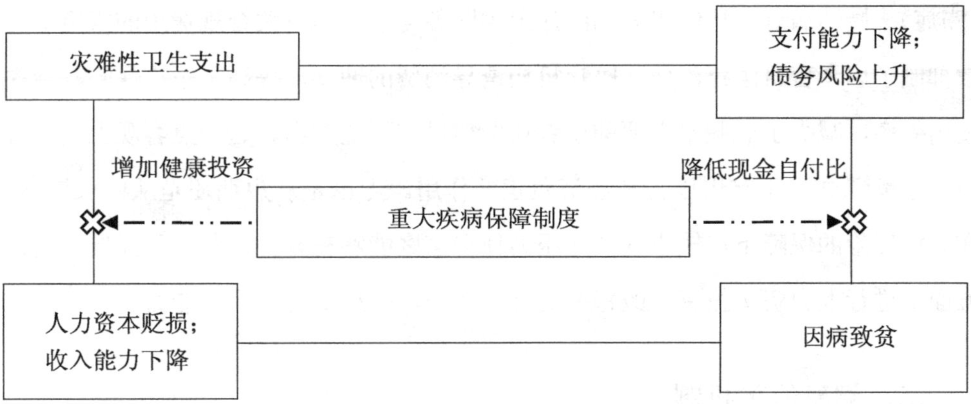

图 3-1　财务保障机制的作用方式

① 《陈竺：看病难和看病贵尚未得到根本解决》，《中国民康医学》2013 年第 1 期。

从重大疾病保障制度的财务保障机制的作用方式来看，其共同付费的补偿（报销）制度设计是减轻患者家庭经济负担、增加人力资本投资、降低贫困发生率的主要手段。首先，对于重大疾病或灾难性卫生支出带来的支付能力下降、债务风险上升的问题，借助医疗保险“互济性”的损失分摊和转移风险功能，可以使医疗保险基金在不同健康风险水平、不同经济收入水平的人群间进行转移和补偿，降低患病人群的医疗卫生服务支出性风险和个人健康损失性风险。

从短期“救急”的视角看，重大疾病保障制度降低了医疗卫生服务的相对价格，让重大疾病患者只需要支付较少的现金，就可以得到急需的医疗卫生服务来治愈疾病。分段计算、超额累进的方式使得那些年内合规费用多、健康风险高的患者得到了更多的补偿（报销），这会显著减轻高健康风险患者的医疗费用经济负担。从中长期看，这一制度在减少家庭现金卫生支出和减轻经济负担的同时，减少了高额医疗费用对家庭其他日常开支的“挤出效应”，起到了增加家庭人力资本投资和家庭收入的作用，降低了家庭陷入贫困的概率。另外，重大疾病保障制度中一些带有倾斜性的政策规定，对于特殊人群、特殊病种的患者来说，达到了零起付、零付费的水平，进一步缩小了不同人群间的收入差距，促进和改善了健康公平。

从合规控费来看，重大疾病保障制度所执行的“三目录”，虽然自诞生之日起就被社会公众和学者们批评过于稳健、保守，不能很好地满足诸如患恶性肿瘤（癌症）、慢性病等疾病的患者的医疗卫生服务需求，但有关合规费用的规定却有效抑制了患者盲目医疗消费、医疗机构诱导消费的冲动，提高了医疗保险基金的使用效率，减少了一些不必要的患者自费项目和现金支出。这一点客观上也具有减轻家庭现金卫生支出压力和经济负担的作用。无论是从短期还是从中长期看，在大病保险的保障下，较小的债务压力使得家庭能够在教育、营养和保健等其他方面上进行人力资本投资，改善家庭行为能力，并提高劳动生产能力。

二、健康保障机制

从作用方式和路径来看（图 3-2），重大疾病保障制度的健康保障机制主要从加强社会与个人健康投资入手，提供更为公平、可及的医疗卫生服务，从而有效切断疾病与贫困间的直接联系，并提升患者个体和整个社会的健康水平，主要表现为以下三个方面。

一是释放重大疾病患者的医疗卫生服务需求，提高医疗资源的使用效率，进而改善患者个体和社会人群的健康状况。当前重大疾病保障制度基本实现了城乡居民的全覆盖，在基本医疗保险基础上的“二次报销”充分释放了重大疾病患者的就医需求。“小病拖、大病熬”的情况已基本成为历史，群众的医疗卫生服务现实获得感不断提升。“大病保险制度于 2012 年出台，次年就开始了在全国 134 个地市的试点，到 2016 年全面推开。仅一年时间，这项政策就减轻了 400 多万人的大病医疗费用负担……通过基本居民医保和大病保险的双重保障，医疗费用的实际报销比例已经升至 50% 以上。”① “脱贫攻坚战两年多来，因病致贫返贫户由 2015 年底的 726.92 万户下降到 2017 年底的 388.2 万户，因病致贫返贫户减少近一半，涉及的贫困人口减少 851.6 万人，占近两年脱贫人数的 34%。”②

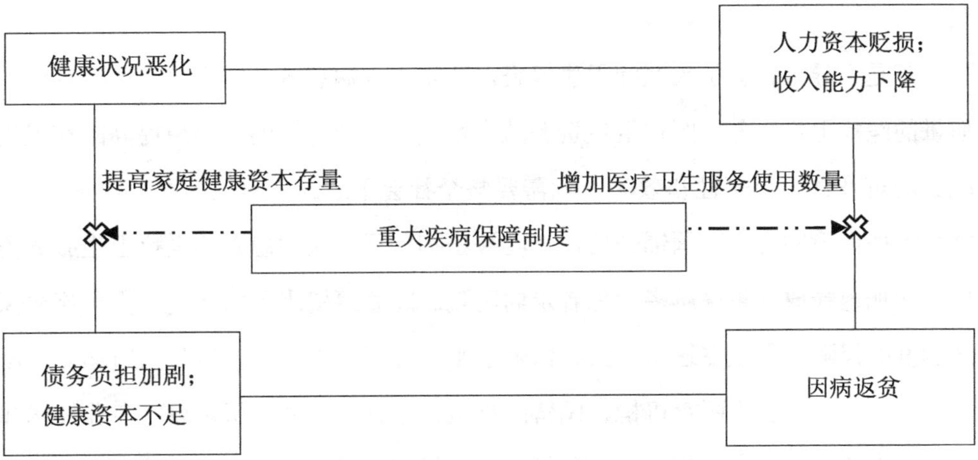

图 3-2　健康保障机制的作用方式

二是通过健康管理机制改变患者及其家庭的生活习惯与医疗卫生保健行为，

① Li Hongmei, Jiang Lixin, “Catastrophic Medical Insurance in China,” *The Lancet* 390, no.10104 (October 2017):1724-1725.

② 申少铁：《我国因病致贫返贫人口减少 851 万》，《人民日报》2018 年 7 月 3 日，第 2 版。

引导社会民众过上科学、健康的生活。进入 21 世纪以来，随着整个人类生活质量和保健水平的不断提高、人均预期寿命的不断延长、老年人口数量的不断增加，全世界慢性非传染性疾病患者的基数也在不断扩大。慢性非传染性疾病通常需要患者长期服药，治疗时间长且治疗费用高，对于低收入家庭和人群而言，一旦患上慢性非传染性疾病，就意味着长期的家庭劳动力数量减少和行为能力下降；对整个社会人群而言，则意味着健康水平和生活质量的大幅下降。

在中国广大的农村地区，不少地方政府积极推进大病保险的建设工作，通过开展慢性病签约服务管理，组织基层医疗机构通过家庭医生签约、建档立卡的方式对农村贫困人口中有患慢性病的人口的家庭开展服务，为建档立卡的农村贫困慢性病患者制定个性化健康管理方案，提供公共卫生、慢性病管理、健康咨询和中医干预等综合服务，以及饮食、运动、心理等方面的个性化健康指导。这种精准的“点对点”健康管理服务在改善患者健康状况的同时，还给农村家庭带来了卫生保健和健康生活知识，有力地改变了农村人口的医疗保健行为和整体健康水平。

三是引导全社会加大医疗卫生投资，让重大疾病患者及社会普通民众享受高质量的医疗卫生服务。医疗卫生资源从来都是宝贵和稀缺的，要想提高医疗卫生服务的可及性、公平性和效率，就需要整个社会不断加大对人、财、物的投入。重大疾病保障制度在全国铺开后，一度被压抑的重大疾病患者的医疗卫生服务需求不断加速释放，越来越多的患者走向医院。随着筹资水平的提高，重大疾病保障制度的保障范围正在逐步扩大、保障水平正在稳步提升。在激烈的市场竞争压力下，这会倒逼公立医疗机构、民营医疗机构增强其人才队伍建设、专业技术和装备能力建设，提高医疗卫生服务供给的质量和效率。

人群健康对于经济社会发展的重要性不言而喻，在经济学领域中，西奥多·舒尔茨（Theodore W. Schultz）阐述了人力资本投资理论的重要性，使其人力资本投资成为经济学的一个新领域[①]。社会与经济的可持续繁荣发展、科学技术与劳动生产力的进步，无一不依赖着人的健康与智力。消灭贫困和提高人口健康水平的根本，在于使人们获得基本的医疗保健、教育和营养。

综上，重大疾病保障制度的财务保障机制、健康保障机制以并驾齐驱的作用方式，从根本上破解了以往“因病致贫、因病返贫”交替式的恶性闭环作用机制（图 3-3）。在其保护下，重大疾病患者的现金卫生支出经济负担得到了有效缓解，医疗卫生服务需求得到了及时满足，家庭健康人力资本存量、劳动生产力水平得到了提高。

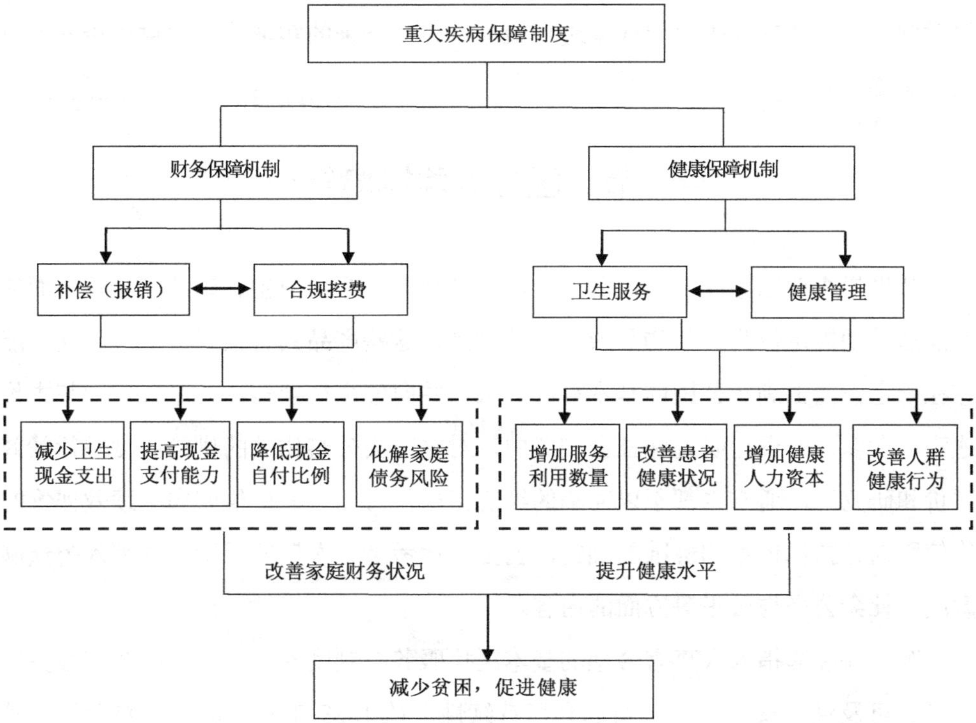

图 3-3　重大疾病保障制度破解“因病致贫、因病返贫”的作用路径与方式

---

① Theodore W. Schultz, “Investment in Human Capital,” *Journal of Political Economy* 51, no.1(August 1971):1048.

第四章　医疗保险制度绩效概念界定与评价方法

“绩效”（performance）一词来源于管理学，指的是组织中个人（群体）特定时间内可描述的工作行为和可衡量的工作结果。医疗保险制度是一项重要的公共政策，对其展开评价时需要首先明确绩效评价的内涵与维度，与此同时，还需要对国内外学者的相关研究成果进行梳理，为接下来的实证分析提供可借鉴的方法和思路。

第一节　医疗保险制度绩效

从世界主要国家的实践经验上看，基础教育、医疗卫生、国防安全等方面的产品通常都被定位为公共物品或准公共物品，这些产品具有很强的正外部性，能够在一定程度上满足公民的基本权利诉求，并向整个社会传递公平公正的基本价值观。在以往的理论研究和社会实践中，对这一类公共物品的供给制度进行绩效评价和研究时，通常也都不以简单的经济指标作为唯一的价值取向。绩效评价的价值取向、指标体系和标准的确定，会更多地考虑“人”的因素，并纳入公众满意度、社会公平与公正等方面的内容。

医疗保障即指人人享有合理的基本医疗服务的制度安排，合理的医疗服务应当具有可及性、安全性、买得起和可持续性。从 1883 年 6 月德国颁布世界上第一个现代意义上的医疗保障制度《工人疾病保险法》至 2019 年，全球已有 145 个国家和地区不同程度引进了医疗保险制度，85 个国家颁布了相关法律。医疗保障制度是现代国家社会保障制度中的重要组成部分，可以从政治、经济、社会三个方面对社会保障制度绩效进行一个大致的宏观勾勒。社会保障制度的政治绩效，我们可以理解为是对这一制度在何种程度上有效化解了社会成员面临的各种生存危机、是否有效维护了社会稳定和特定阶级的政治统治等方面开展的评价；经济绩效，我们可以理解为是对这一制度提供了哪些公共商品和服务、如何协调与解决团体冲突、如何为个体提供获得商品和服务的最低条件等方面开展的评价①；社会绩效，我们可以理解为是对这一制度在宏观上是否消除了市场失灵所带来的社会风险和不稳定因素，促进了社会公平，微观上是否保障了社会成员基本生活权利，并提供了足够的安全保护等方面进行的评价。具体到医疗保障制度，世界银行的一份研究报告曾从改善人口的健康状况并增加社会福利、保障卫生服务公平可及、保证卫生资源使用效率、提高诊疗效益、提升卫生保健的质量与消费者满意程度、保持卫生筹资的长期可持续性几个方面对医疗保障制度的发展目标给出了明确的界定②。从问题导向、结果导向角度来理解和看待世界银行所提出的发展目标，事实上其给出了一个包含公平性、可及性、质量、效率、可持续性等多个维度的医疗保障制度绩效分析框架。

国内外学者对医疗保障制度的研究，主要围绕医疗卫生服务需要、医疗卫生服务需求、医疗卫生服务利用的影响因素及其相互关系展开。在中国，学者们大多认为医疗保障制度的制度绩效评价是对制度达成目标、效果及程度方面展开的评价和衡量③④，他们构建了成本—收益、主观感受、客观效果、目标有效性、公平性、可及性等维度构成的综合性评价体系，选取了覆盖面、保障水平、保障范围、满意度、就医时间、基金收支平衡和可持续能力等不同的具体绩效指标，对中国基本医疗保险制度的制度绩效进行了综合模糊评价或实证分析⑤⑥⑦。

---

① Owen E. Hughes, *Public Management and Administration: an Introduction* (Houndmills: Palgtave, 2003), p.163.

② R. P. Shaw, Charles C. Griffin, Banco Mundial,*Financing Health Care in sub-Saharan Africa through User Fees and Insurance*(Washington, DC: Worldbank, 1995), p.77.

③ 于长永：《农民对新型农村合作医疗的福利认同及其影响因素》，《中国农村经济》2012 年第 4 期。

④ 张广科、黄瑞芹：《新型农村合作医疗制度目标及其实现路径——基于西部五省一线调研数据的实证分析》，《中国人口科学》2010 年第 4 期。

⑤ 张扬金、于兰华：《我国新型农村医疗保险政策执行绩效评估的价值维度》，《农村经济》2008 年第 8 期。

⑥ 于长永：《农民对新型农村合作医疗的福利认同及其影响因素》，《中国农村经济》2012 年第 4 期。

⑦ 徐芳：《医疗保险制度绩效评估的实证研究——基于模糊综合评价的方法》，《甘肃行政学院学报》2013 年第 1 期。

一、经济绩效

在医疗卫生服务的社会实践中，为保证社会不同人群在基本医疗卫生服务上的公平性、可及性，政府一般需要对其制定的公共卫生政策可能导致的资源分配结果展开事前、事中、事后的经济测量与评估，从而确定医疗卫生资源分配的原则和个人在卫生保健服务上花费的数额是否合理，能够在多大程度上改善和增加全社会福利。由于卫生保健资源是有限的，任何卫生保健政策都要考虑效率的问题，无论是自由市场主导的还是政府主导的卫生保健资源分配，都必须理性化和有效率地配给①。

对于经济绩效的测量，不同学科领域有不同的测量指标和规范的方法。对于医疗保障制度的经济绩效的研究，一些学者将其作为社会保障制度的重要组成部分进行分析，一些学者在“经济价值、效率价值、效益价值”等基本原则层面上进行了理论探讨，还有一些学者对世界主要地区的医疗保障制度进行了实证分析。就已有的医疗保障制度经济绩效、医疗保险经济绩效的研究成果来看，学者们通常从医疗费用、医疗保险补偿、自付医疗支出的视角展开研究②③④⑤⑥⑦⑧，这些费用或支出同时也向我们表明了不同国家与地区医疗保障制度的保障水平、实

---

① 白丽萍：《对卫生保健政策功利主义价值观的再审视》，《医学与哲学》2015 年第 11 期。

② Willard G. Manning, Joseph P. Newhouse, Naihua Duan, et al., “Health Insurance and the Demand for Medical Care: Evidence from a Randomized Experiment,” *American Economic Review* 77,no.3 (July 1987):251-277.

③ Adam Wagstaff, Magnus Lindelow, “Can Insurance Increase Financial Risk? The Curious Case of Health Insurance in China,” *Journal of Health Economics* 27,no.4(August 2008):990-1005.

④ Yip Winnie, William C. Hsiao, “China’s Health Care Reform: A Tentative Assessment,” *China Economic Review* 20, no.4(December 2009):613-619.

⑤ Adam Wagstaff, Winnie Yip, Magnus Lindelow, et al., “China’s Health System and Its Reform: a Review of Recent Studies,” *Health Economics* 18 ,no.S2(July 2009):S7-S23.

⑥ 程令国、张晔：《“新农合”：经济绩效还是健康绩效？》，《经济研究》2012 年第 1 期。

⑦ 于大川、吴玉锋，赵小仕：《社会医疗保险对老年人医疗消费与健康的影响——制度效应评估与作用机制分析》，《金融经济学研究》2019 年第 1 期。

⑧ 朱铭来、史晓晨：《医疗保险对流动人口灾难性医疗支出的影响》，《中国人口科学》2016 年第 6 期。

际补偿比。重大疾病保障制度的政策目标是减少因病致贫、因病返贫社会现象的发生，改善患者健康状况并促进社会健康公平。结合这一政策目标，宏观视角上可供选择的绩效指标包括医保覆盖率、补偿（报销）人次、贫困发生率、综合补偿（报销）比、次均住院费用、就医便利性、基金收支规模等等；微观视角上可供选择的绩效指标包括实际补偿（报销）金额、分段补偿（报销）金额、现金卫生支出、疾病经济负担、住院天数、健康状况改善等等。理论上而言，重大疾病保障制度具有明显的风险转移和补偿转移功能，对其进行经济绩效分析和评价的重点是这一制度对城乡居民重大疾病患者个人和家庭的医疗现金支出、总医疗费用支出的影响以及其在不同收入、不同健康水平、不同户籍人群中所产生的收入分配效应，即对医保基金的分配与使用效率的评价。结合研究目标和需要，本书将重大疾病保障制度绩效中的经济绩效定义为重大疾病患者医疗费用的补偿（报销）效果，即特定时期内（本书中指一年）医保基金在不同收入阶层、不同户籍的患者人群间产生的收入分配效应。在对不同统筹模式经济绩效的比较研究中，我们还会用到集中系数（concentration index，CI）、泰尔指数（Theil index）和FGT（Foster-Greer-Thorbecke）贫困指数三个指标。

此外，本书对重大疾病保障制度经济绩效进行实证分析时，在讨论医疗费用的补偿（报销）效果的同时，还会对患者的就医行为进行研究。这主要是因为国内外的相关研究表明，医疗保险制度往往会对患者的就医行为产生影响，这种影响有可能会带来改善就医便利性、提高医疗卫生服务资源利用效率、降低患者家属看护成本、以养节医等制度效应，从而产生间接经济绩效。就重大疾病保障制度而言，补偿（报销）比例与就医机构级别逆向设置的政策预期或者说是可能带来的一个间接经济绩效，能够将轻重缓急不同症状的患者分流到不同等级的医疗卫生机构中接受医疗卫生服务，促进各级医疗卫生服务资源分配、使用更为合理，并降低患者的间接就医成本。因此，对重大疾病患者就医行为的研究是经济绩效分析与评价时不应该被忽略或遗漏的一个重要方面。同时，关于患者就医行为的研究对更精准地提出改善重大疾病保障制度绩效的政策建议大有裨益。

二、健康绩效

医疗保障制度的健康绩效通常指的是医疗保障制度对居民健康状况产生的影响，即健康状况的改善程度。健康的具体测量方法，一直随着人们对健康这一概念内涵的认知的深化而相应发生着改变。在理论研究和实践中，自评健康是十分常见且通用的健康测量方法之一，它通常被认为与生理健康、心理健康、社会健康存在着关联关系。从研究成果上看，学者们大多认为自评健康是一个敏感的、可信的健康测定方法①。自评健康具有可靠性、相对稳定性和实施成本较低的特点，易于理解和实施②③，被广泛应用于社会医学、流行病学、老年病学等研究领域。结合研究目标，本书将健康绩效定义为对患者产生的健康效应，即健康水平的变化，主要从两个方面进行评价：一是经过治疗后，重大疾病患者的健康自评结果；二是患者自理能力的改善情况。在对不同统筹模式制度健康绩效的比较研究中，本书会使用到集中系数、泰尔指数两个指标。

1. 健康水平测量

国内外相关文献表明，使用何种量表来进行健康状态的测量需要结合研究目的、目标和对象来确定，尚未有一种量表可以测量和反映所有的健康状态结果。从已有量表的类型来看，可以依据测量内容、适用范围将常用的健康量表分为普通生命质量量表（Generic QOL Instrument）、专用生命质量量表（Specific QOL Instrument）两大类。表 4-1 所列为国外研究中常用的生命质量量表。

---

① Colditz Graham A., Martin Pauline, Meir J. Stampfer, et al., “Validation of Questionnaire Information on Risk Factors and Disease Outcomes in a Prospective Cohort Study of Women,” *American Journal of Epidemiology* 123,no. 5 (May 1986):894-900.

② Jana M. Mossey, Evelyn Shapiro, “Self-Rated Health: a Predictor of Mortality among the Elderly,” *American Journal of Public Health* 72, no.8(August 1982): 800-808.

③ Larst Borgquis, Lars T. Nilsson, G. Ran Lindel W,et al., “Perceived Health in Hip-Fracture Patients: a Prospective Follow-up of 100 Patients,” *Age and Ageing* 21, no. 2(March 1992):109-116.

表 4-1　国外研究中常用的生命质量量表一览

量表名称	作者	时间
Nottingham Health Profile（NHP）	Hunt	1970 年
Quality of Life Index（QL-Index）	Spitzer	1981 年
National Hospice Study QOL Scale	Greer	1984 年
Functional Living Index-Cancer（FLIC）	Finkelstein	1984 年
Euro QOL（EQ-5D）	Euro QOL Group	1990 年
World Health Organisation Quality of Life（WHOQOL-100）	WHO	1995 年
WHOQOL-BREF	WHO	1996 年
HIV-QOLL31	Leplege 等	1997 年
LEIPAD	De Leo 等	1998 年
Assessment of Quality of Life at the End of Life Instrument	Axelsson	1999 年

资料来源：根据文献整理。

本书将使用改进后的欧洲五维健康量表（EQ-5D）来评价和分析健康绩效及其影响因素。EQ-5D 通常由问卷和效用值换算表两部分组成，问卷调查结果可以用来描述人群的健康状况和获得 EQ-visal Analague Scale（EQ-VAS）得分，使用效用值换算表则可进一步获得 EQ-5D 指数得分。EQ-VAS 是一个视觉刻度尺，顶端为 100 分，代表“心目中最好的健康状况”，底端为 0 分，代表“心目中最差的健康状况”。2019 年，Euro QOL 官方信息显示，EQ-5D 是全球许多国家和地区（包括哥伦比亚、捷克、英格兰、威尔士、法国、荷兰、新西兰、波兰和泰国等）的卫生技术评估机构推荐使用的成本—效用分析工具。中国学者对欧洲五维健康量表中文版信效度进行了研究，认为量表具有较好的信度和效度，并在实证研究中大量使用该表评价健康人群的生存质量[①②③④⑤⑥]。

2. 自理能力评价

自理能力评价是健康绩效评价的常用指标之一，它直接反映了重大疾病患者接受治疗后生活自理能力的高低。自理能力的评估结果可作为医疗机构为患者提供不同护理的依据，在临床中常被广泛应用。

本书还有以下几个概念需要界定。

（1）起付线。大病保险的起付线是大病保险的起付标准。《贵州省开展城乡居民大病保险工作实施方案（试行）》规定，起付标准以各市（州）统计部门公布的上一年度城镇居民年人均可支配收入、农村居民年人均纯收入为判定标准，具体金额由各市（州）确定[⑦]。

（2）合规医疗费用。在各地制定的文件中，通常是指剔除不予支付事项后实际发生的全部医疗费用，不予支付的事项由省级卫生、人力资源社会保障部门规定。

（3）封顶线。封顶线指参保（合）重大疾病患者年度统筹基金支付超过基本医疗保险的最高支付限额。

---

① 胡海燕、谌卫、贾猛、于光、梅小斌、边琪、赖学莉、李娟、郭志勇：《中文版欧洲五维健康量表在慢性肾脏病患者中的信效度研究》，《中国中西医结合肾病杂志》2012 年第 8 期。

② 武轶群、刘括、唐迅、曹洋、王晋伟、李娜、刘建江、于立平、许海涛、刘武军、温苏申、胡永华、李凯：《采用欧洲五维健康量表测量北京郊区老年人健康效用的实证研究》，《北京大学学报（医学版）》2012 年第 3 期。

③ 伍红艳、刘国恩、官海静：《EQ-5D 健康量表效用积分体系的构建研究——基于我国西南地区的实证分析》，《中国药房》2016 年第 14 期。

④ 邢亚彬、马爱霞：《欧洲五维健康量表 EQ-5D-5L 中文版的信效度研究》，《上海医药》2013 年第 9 期。

⑤ 丁晗玥、杨玉洁、程萱、董佩、严晓玲、胡广宇、邱五七、毛阿燕：《EQ-5D-3L 和 FACT 量表对北京癌症及癌前病变患者生活质量评估的信度和效度研究》，《肿瘤》2017 年第 9 期。

⑥ 李谧、苏丽娜、徐凌忠：《基于 EQ-5D 效用值积分体系的山东省贫困人群健康相关生命质量研究》，《山东大学学报（医学版）》2017 年第 12 期。

⑦ 王黔京：《贵州城乡居民大病保险实施效果评价及对策研究——基于首批试点三个市（州）的实地调研》，《贵阳市委党校学报》2018 年第 3 期。

第二节　国内外学者相关研究成果介绍

在世界各国的社会福利制度建设中，医疗保障制度是主要的内容之一。对于福利计划，弗里德曼认为大多数现行的福利计划当初根本就不该制定①。从社会发展的视角来看，尽管灾难性卫生支出并不经常发生，但由于其经济成本过高，应该由某种形式的保险产品来覆盖。在医疗保障制度中，医疗保险制度居于核心位置，它通常指卫生筹集、分配和使用医疗保险基金的制度。

一、医疗保险经济绩效

从产品类型上看，医疗保险是有起付线（deductible）和共同保险（coinsurance）特征的健康保险。在这种保险中，参保人和医疗保险经办机构按照一定的比例共同出资负担参保人的医疗卫生费用，这一比例被称为共同负担率或共同付费率。医疗保险共付率越高，消费者的预算约束就会越小，免赔额、共同保险条款、共同支付和保单限制的水平影响自付费用总额②。以往的研究都反复强调，医疗保险在卫生保健和金融保护方面有着非常重要的作用，尤其是对较为贫困的家庭及其成员而言。Newhouse 和 Phelps 将内生的医疗保险变量引入医疗需求模型中，解释了医疗保险对个体就医行为的影响。医疗保险帮助投保人获得昂贵的医疗服务，它还能保护人们免受健康冲击所带来的经济负担和贫困③。个人购买医疗卫生保险的目的在于将财务风险的不确定性转嫁给他人。因此，有无医疗保险、是否被医疗保险计划覆盖、所享有的医疗保险报销比例的高低会显著地影响患者个体和家庭的就医行为。与有医疗保险的家庭比较，无医疗保险的低收入家庭更容易发生灾难性卫生支出，也更容易陷入贫困。为没有保险的人提供全额保

---

① 米尔顿·弗里德曼、罗丝·弗里德曼：《自由选择》，机械工业出版社，2016，第 115 页。

② Paul J. Feldstein, *Health Care Economics* (Albany: Delmar Publishers, 2011), p.223.

③ Margaret Whitehead, Göran Dahlgren, Timothy Evans, "Equity and Health Sector Reforms: Can Low-Income Countries Escape the Medical Poverty Trap? " *The Lancet* 358, no. 9284 (September 2001):833-836.

险的项目将使他们的医疗卫生服务需求翻倍①。与之相反，部分研究认为医疗保险的分配效应不确定、不明显，甚至具有逆向分配效应②；国外的有关医疗保险收入分配效应的研究结论存在差异，这与不同国家、地区保险制度的设计有很大的关系。各国医疗保险制度中关于起付线高低的设置、费用天花板的设定以及服务涵盖范围的确定存在着差异，这些都会影响分配效应作用的大小。

国内关于统筹城乡居民基本医疗保障制度分配效应的研究成果较成熟，与国外对分配效应的研究类似，国内也存在着两种截然不同的研究结果。部分研究认为中国城乡居民医疗保障制度有正向的分配效应，共同保险存在着“收入效应”：如果共同支付更高，病人的收入边际效用就会更高③。白重恩等的研究表明中国的新农合存在着“挤入效应”，即医疗保险会减少家庭的医疗支出，进而使得家庭有更多的留存收入来支付其他开支④。赵绍阳等认为医保报销比例的提高对总的医疗费用没有显著影响，但是显著降低了患者的自付费用，新型农村合作医疗保险与城镇居民基本医疗保险的报销比例可能要低于社会福利最大化的医疗保障水平⑤。于长永认为新农合的福利效应比较明显，但保障能力有待提高⑥。与上述研究结果不同，有些研究认为中国城乡居民医疗保障制度分配效应不明显，如程令国、张晔的研究结果表明新农合在改善参合者健康状况的同时，并未明显降低其医疗负担⑦。王小鲁和樊纲认为我国的基本养老和医疗保险给中高收入阶

① Emmett B. Keeler, John E. Rolph, “The Demand for Episodes of Treatment in the Health Insurance Experiment,” *Journal of Health Economics* 7, no.4(December 1988):337-367.

② Arnab Acharya, Sukumar Vellakkal, Fiona Taylor, et al., “The Impact of Health Insurance Schemes for the Informal Sector in Low-and Middle-Income Countries: a Systematic Review, ” *The World Bank Research Observer* 28, no.2 (November 2012):236-266.

③ Ching-To Ma, Michael H. Riordan, “Health Insurance, Moral Hazard, and Managed Care,” *Journal of Economics & Management Strategy* 11, no.1 (March 2002):81-107.

④ 白重恩、李宏彬、吴斌珍：《医疗保险与消费：来自新型农村合作医疗的证据》，《经济研究》2012 年第 2 期。

⑤ 赵绍阳、臧文斌、尹庆双：《医疗保障水平的福利效果》，《经济研究》2015 年第 8 期。

⑥ 于长永：《农民对新型农村合作医疗的福利认同及其影响因素》，《中国农村经济》2012 年第 4 期。

⑦ 程令国、张晔：《“新农合”：经济绩效还是健康绩效？》，《经济研究》2012 年第 1 期。

层居民带来的好处大于给低收入阶层居民带来的好处，扩大了收入差距[①]。臧文斌等研究了中国城镇居民基本医疗保险入户调查九个城市的面板数据，分析了参保对不同收入水平的家庭的影响，结果显示参保对低收入家庭的非医疗消费影响最大，对高收入家庭基本没有影响[②]。顾海、李佳佳的研究成果表明，一项医疗保障究竟会有正向的还是逆向的分配结果，取决于制度模式、覆盖范围、制度设计、制度衔接、管理服务等相关影响因素[③]。中国统筹城乡居民医疗卫生保障制度建设时间相对较短，在宏观制度建设的方向上是没有问题的，但在政策配套、微观运行机制上却一直亟待完善，影响了收入分配效应的发挥。

对于中国重大疾病保障制度建设，尤其是大病保险，国内的一些实践和研究结果表明其收入分配效应十分显著。2009 年至 2017 年间国务院医改办主导建立中国大病保险制度，使大病患者家庭自负费用减至总费用的 30% 以下。但是也有很多研究认为，大病保险的收入分配效应并没有完全发挥出来，仍然有很大的提升空间。如：李天平等对四川省卫生统计数据进行研究后认为，患者实际报销比例仅可增加 11%[④]；王黔京利用 2016 年贵州省三个市（州）大病保险的数据测算出当地大病保险在基本医保的基础上提高了 10 个百分点以上的报销比例，但保障水平仍然存在着提升空间[⑤]。此外，还应该要引起注意的是重大疾病患者除了有直接医疗费用负担外，还有大量的直接、间接费用，如交通费、食宿费、营养费以及休工造成的工资损失等。这些支出十分有可能将患者家庭推向贫困。

---

① 王小鲁、樊纲：《中国收入差距的走势和影响因素分析》，《经济研究》2005 年第 10 期。

② 臧文斌、刘国恩、徐菲、熊先军：《中国城镇居民基本医疗保险对家庭消费的影响》，《经济研究》2012 年第 7 期。

③ 顾海、李佳佳：《城乡医疗保障制度的统筹模式分析——基于福利效应视角》，《南京农业大学学报（社会科学版）》2012 年第 1 期。

④ 李天平、吴斌、许尉：《四川省城乡居民大病保险合规医疗费用界定研究（一）——2011 年城乡居民就医诊疗及医疗保险报销情况分析》，《中国药房》2013 年第 36 期。

⑤ 王黔京：《贵州城乡居民大病保险实施效果评价及对策研究——基于首批试点三个市（州）的实地调研》，《贵阳市委党校学报》2018 年第 3 期。

二、医疗保险健康绩效

对于从事医疗卫生服务相关研究的学者来说，消费者对健康产品的需求本质上是对健康的需求，他们接受医疗的最终目的是获得健康。一些国外研究认为医疗保险可以改善医疗和保健服务的可及性，让病人使用更多更高质量的医疗卫生保健服务，这有可能会积极促进健康[①]。参保能降低个人就医成本，参保者可能会减少危害自身健康的行为，参保后可享受更多的预防医疗等保健服务，因此对其自身健康行为进行调整，如纠正吸烟、酗酒等危害健康的行为有利于促进个人健康水平提高。但要注意的是，由于健康的决定因素包括食品与营养、生态环境、工业化等诸多因素，卫生服务对健康的影响可能并没有大多数人所想象的那般明显，卫生服务利用对健康的影响呈现出的是边际递减的趋势[②]。有一些研究成果认为不断增加的医疗卫生服务利用，对健康边际效用的作用是微乎其微的，甚至可能是有害的[③]。还有研究认为由于影响居民健康的因素较多，较之基因、环境、收入等因素，医疗保障制度对健康的影响实际上相对较低。

从国内研究上看，程令国、张晔使用中国老年健康影响因素跟踪调查（Chinese longitudinal healthy longevity survey，CLHLS）对新农合的绩效进行了重新考察，发现新农合显著提高了参合者的健康水平；医疗服务利用率的提高，事实上成为影响参合者健康水平的重要因素[④]。黄枫、吴纯杰考察医疗保险对中国城镇老年人死亡率的影响，结果显示享受医疗保险的老人三年间隔的死亡率比无医疗保险的老人降低了25.3%[⑤]。牟珊珊、周志凯使用中国健康营养调查（China

---

① Amy Finkelstein, Sarah Taubman, Bill Wright, et al. "The Oregon Health Insurance Experiment: Evidence from the First Year," *The Quarterly Journal of Economics* 127, no.3(August 2012):1057-1106.

② Charles E. Phelps, *Health Economics*（New York: Addison Wesley Educational PubliShers Inc.）p.79,83.

③ Carol M. Ashton, Julianne Souchek, Nancy J. Petersen, et al. "Hospital Use and Survival among Veterans Affairs Beneficiaries," *New England Journal of Medicine* 349, no.17(October 2003):1637-1646.

④ 程令国、张晔：《"新农合"：经济绩效还是健康绩效？》，《经济研究》2012年第1期。

⑤ 黄枫、吴纯杰：《中国医疗保险对城镇老年人死亡率的影响》，《南开经济研究》2009年第6期。

health and nutrition survey，CHNS）分别研究新农合和城居保对儿童的健康绩效，结果表明新农合和城居保对儿童的短期健康状况没有显著的改善作用，但城居保对儿童的短期健康绩效要优于新农合；新农合对儿童的长期健康有明显的改善作用，城居保对儿童的长期健康无明显作用[①]。赵绍阳等人的研究结果表明，无保险状态明显负面影响了“医保夹心层人员”的健康状况[②]。陈华等对城镇职工基本医疗保险的健康绩效进行了实证分析，结果表明总体上城镇职工基本医疗保险产生了正向的健康绩效[③]。顾海、孙军对近年来研究中国部分地区统筹城乡医疗保障制度绩效的相关文献进行了系统的梳理，认为统筹城乡医疗保障制度绩效表现在提高医疗资源利用的效率、有效促进城乡居民的医疗保障公平性和健康改善上[④]。但是，也有研究认为医疗保障对健康状况的影响并不显著，如罗楚亮的研究表明，医疗保障对健康的影响与医疗支出的分摊机制有关，但这一结果很有可能是由内生解释变量导致的[⑤]。从整体上看，关于医疗保障制度健康绩效的文献，都在一定程度上提示了医疗保险与参保者健康状况的关系，但上述文献总体而言存在下述缺陷：一是研究对象集中于某特定群体，无法对不同群体健康绩效进行比较研究；二是文献选定的衡量健康状况的指标较为单一或基于一定的参保者的主观判断，可能产生对医疗保障制度健康绩效估计的偏差，从而降低自身的参考价值。

三、医疗保障制度对卫生服务利用的影响

医疗保障制度对卫生服务利用是否有影响，主要是从医疗保险的视角展开的。早期的研究成果有两种完全不同的观点和结论：一部分研究认为共同保险会

---

① 牟珊珊、周志凯：《新农合和城镇居民医保对儿童健康的绩效研究》，《社会保障研究》2017 年第 4 期。

② 赵绍阳、臧文斌、傅十和、刘国恩：《强制医保制度下无保险人群的健康状况研究》，《经济研究》2013 年第 7 期。

③ 陈华、邓佩云：《城镇职工基本医疗保险的健康绩效研究——基于 CHNS 数据》，《社会保障研究》2016 年第 4 期。

④ 顾海、孙军：《统筹城乡医保制度绩效研究》，《东岳论丛》2016 年第 10 期。

⑤ 罗楚亮：《城镇居民健康差异与医疗支出行为》，《财经研究》2008 年第 10 期。

影响患者的医疗服务选择，是卫生服务利用的障碍；另一些研究则恰恰相反，认为共同保险与卫生服务选择无关。20 世纪 70 年代，美国兰德健康保险实验室得出结论，认为保险与卫生服务需求密切相关。卫生服务利用率与费用高度相关，研究表明利用次数也随自付增多而减少①。这也就意味着共付率与医疗消费呈现负相关关系，就诊率和住院率随着自付比例的增大而降低。此后的很多国外研究大多表明，共付保险对消费者医疗卫生资源的使用有影响②③④。

关于医疗保险对中国城乡居民卫生服务利用的影响，已有文献中的研究结论多数肯定了城居保、新农合降低了居民的就医成本和个人现金卫生支出，释放了城乡中曾经长期被压抑的卫生服务需求，提高了城乡居民罹患疾病后的及时就诊率。在城市居民卫生资源利用的影响方面，一些研究认为医疗保险对卫生资源利用并没有影响；但也有一些研究成果证实医疗保险对城市居民的卫生服务利用有影响，医疗保险提高了城市居民去市级以上卫生医疗机构就诊的概率，城居保的门诊使用量和住院使用量显著提高，显著促进了健康水平较差人群对卫生服务的利用⑤⑥⑦。如饶克勤对中国城市居民医疗服务利用的影响因素进行研究，结果表明享有政府医疗保障的城市居民就诊和住院概率都显著高于没有医疗保障的居民⑧。

关于医疗保险对农村居民医疗卫生资源利用的影响，有研究表明新型农村合

---

① 詹春柳、祖述宪：《兰德健康保险实验简介》，《国外医学（卫生经济分册）》1989 年第 3 期。

② Richard N. Rosett, Lien-fu Huang, "The Effect of Health Insurance on the Demand for Medical Care," *Journal of Political Economy* 81, no.2 (January 1973):281-305.

③ Howard H. Goldman, Richard G. Frank, Burnam M. Audrey, et al., "Behavioral Health Insurance Parity for Federal Employees," *New England Journal of Medicine* 354, no.13(April 2006):1378-1386.

④ Rainer Winkelmann, "Co-Payments for Prescription Drugs and the Demand for Doctor Visits—Evidence from a Natural Experiment," *Health Economics* 13, no.11(November 2004):1081-1089.

⑤ 王俊、昌忠泽、刘宏：《中国居民卫生医疗需求行为研究》，《经济研究》2008 年第 7 期。

⑥ 臧文斌、赵绍阳、刘国恩：《城镇基本医疗保险中逆向选择的检验》，《经济学（季刊）》2013 年第 1 期。

⑦ 胡宏伟、刘国恩：《城镇居民医疗保险对国民健康的影响效应与机制》，《南方经济》2012 年第 10 期。

⑧ 饶克勤：《中国城市居民医疗服务利用影响因素的研究——四步模型法的基本理论及其应用》，《中国卫生统计》2000 年第 2 期。

作医疗提高了门诊就诊概率和住院概率，促进了农村居民对医疗服务的利用[①②]，提高了农村居民对乡镇卫生院和县及县以上医院的医疗卫生服务的使用概率[③]，在医疗服务可及性、促进医疗服务利用均等化方面发挥了重要作用[④]。但也有一些不同的声音，如 Lei 和 Lin 的研究认为新型农村合作医疗对参保人员医疗服务利用的影响不显著[⑤]；王翌秋等人的研究表明农村居民在健康状况、患病状况和医疗服务利用状况上都存在着与收入相关的不公平，低收入人群享有较少的医疗卫生资源，却承受着较大的医疗支出负担[⑥]；解垩认为高收入人群的健康状况更好，并使用了更多的医疗服务，但医疗保险等因素也扩大了医疗服务利用不平等[⑦]。

第三节 国内外研究述评

通过对文献的回顾可以看出，政府、社会、学术界很早就在统筹城乡医保问题上达成了集体共识。在实施方案上，都提倡结合不同地区经济与社会发展的实际情况，采取分步推进的方式来实现。本书研究所使用的重大疾病的概念与《关于开展城乡居民大病保险工作的指导意见》中的大病定义相同，即发生了高额医疗费用的情形，与国际上的灾难性卫生支出的概念较为相近。在灾难性卫生支出的国际研究中，已有的国内外研究多从参保、未参保的视角对灾难性卫生支出的

---

① 王翌秋、张兵、刘晓玲：《农村居民医疗服务需求的特征及影响因素研究——基于中国健康和营养调查（CHNS）数据的分析》，《产业经济研究》2009 年第 5 期。

② 蒋远胜、宋青锋、韩诚：《新型农村合作医疗中农户的逆向选择、寻医行为和住院决策——基于重庆市忠县的经验分析》，《农业经济问题》2009 年第 3 期。

③ 王俊、昌忠泽、刘宏：《中国居民卫生医疗需求行为研究》，《经济研究》2008 年第 7 期。

④ 齐良书、李子奈：《与收入相关的健康和医疗服务利用流动性》，《经济研究》2011 年第 9 期。

⑤ Lei Xiaoyan, Lin Wanchuan, “The New Cooperative Medical Scheme in Rural China: Does More Coverage Mean More Service and Better Health?” *Health Economics* 18, no. S2 (July 2009):S25-S46.

⑥ 王翌秋、徐登涛：《新型农村合作医疗保险受益公平性研究——基于 charls 数据的实证分析》，《江苏农业科学》2019 年第 3 期。

⑦ 解垩：《与收入相关的健康及医疗服务利用不平等研究》，《经济研究》2009 年第 2 期。

阈值、经济后果与影响因素等方面进行实证分析，还有一些研究介绍了不同国家和地区的灾难性卫生支出发生状况、其在不同收入人群间的分布情况、家庭卫生筹资策略以及医疗保障制度的应对策略。对灾难性卫生支出影响因素的研究表明，家庭规模变量、人口学特征变量、经济特征变量、医疗保险变量、疾病特征变量等是非常重要的变量，这为本书接下来的实证分析提供了可借鉴的方法和思路。

从医疗保障制度绩效的研究成果上看，国内外学者主要采用多元线性回归、倾向得分匹配法或在模型中加入虚拟变量的方法，对参保组和未参保组的卫生服务利用、患者医疗费用负担、现金卫生支出等进行实证分析，这种研究思路可以为我们分析卫生系统筹资和卫生服务利用的公平性、可及性问题提供一定的借鉴。但要注意的是，这种研究模式可能并不能完全适用于对重大疾病保障制度绩效的研究。重大疾病保障制度是基本医疗制度的延伸和发展，在三大基本医疗保险覆盖已超过 14 亿人口的基本国情下，从参保和未参保的视角进行研究很难取得实质性的研究成果。在关于重大疾病保障制度的相关研究中，由于缺乏微观个体调研的基础性数据作为支撑，学者们更多的是使用定性研究的方法对不同地区大病保险的起付线、报销比例、封顶线、保障范围、支付范围等制度设计进行探讨。从政策研究的角度而言，这些成果能够为宏观层面上政策措施的制定提供一定的现实依据，能为发展和完善“城乡基本医保 + 大病保险 + 医疗救助”保障体系，减少因病致贫、因病返贫提供一些具体的合理化建议。但这些研究结果中存在一个非常明显的缺陷，就是停留在对重大疾病保障制度实施效果的表象性描述层面上，没有系统解释和分析这一制度的收入分配效应、健康效应及其变化规律与特征。研究成果中所提出的政策改进建议缺乏有力的理论支撑，表现出理论与实践“两张皮”和“头疼医头，脚疼医脚”的问题。

第五章　理论源流、分析框架与调查设计

无论是以“基本善”“资源平等”还是“可行能力平等”作为衡量标准，社会民众在基本医疗卫生服务获取上的机会公平都是至关重要的，医疗卫生资源与服务应该尽可能实现公平分配。更重要的是，享有医疗保健不是福利，而是一种基本权利。发挥医疗保险财富转移和收入再分配的功能，合理满足健康风险程度、经济收入水平不同的消费者的医疗卫生服务需求，有利于改善健康不公平的状况，并促进社会公平正义。

第一节　理论溯源

一、公平正义理论

公平正义（justice）是现代社会的核心价值观，是人类文明发展的重要标志性成果，同时也是国际社会用于评价和考量一个国家、地区的社会文明发展程度的关键性指标。现实生活中，人们常常习惯用参与机会公平、过程公平、分配的结果公平来描述对公平正义的要求和期待。回顾人类社会发展的历史，我们可以看到无论是在政治、经济还是社会的其他领域，总是存在很多不平等的事实和现象。平等可以是公共政策制定的起因，也可以是公共政策带来的结果。对社会公平的追求，可以视作人类对社会中存在的种种不平等事实和现象做出的一种纠偏和补救尝试。在有关公平正义的理论激辩中，功利主义（utilitarianism）和平等主义（egalitarian）的分配原则和实施方案的影响最为广泛，也最具有代表性。功利主义是福利主义（welfarism）的非平等主义观点，是现实世界采用极为广泛的正义理论之一。功利主义认为，公正的资源分配应当是个人的效用（utility）

之和达到最大，其价值标准着眼于社会机制的后果，而且后果指的是人的福利。功利主义理论的代表性人物边沁（Jeremy Bentham）认为，社会对资源的分配应该保证“最大多数人的最大幸福”[①]，并提出了苦乐“幸福计算”的七个因素，即幸福强度、幸福感的持续性、导致幸福的各要素的确定性、幸福要素产生幸福感的邻近度、幸福要素的影响力、幸福感受的纯洁性、获得幸福的广度。

与功利主义最大化效用的衡量标准不同，罗尔斯（John Rawls）、德沃金（Ronald Dworkin）、森（Amartya Sen）等平等主义者认为公平与否的判断应该是基于某种客观的标准做出的，并提出了“基本善”(primary goods)、“资源平等”(equality of resources)、“可行能力（capability）平等”等标准。在罗尔斯的权威之作《正义论》(*A Theory of Justice*）中，他认为正义的核心是平等，正义问题实际上就是分配的公正问题。正义是社会制度的首要价值，正像真理是思想体系的首要价值一样[②]。在罗尔斯设计的“原处状态”(original position）中，他给出了与功利主义者不同的分配正义原则、自由原则和差别原则。其中，平等地享有基本自由和权利是首要原则，差别原则从属于自由原则，任何时候都不能牺牲基本自由和权利来满足差别原则。在罗尔斯的分配主义理论中，正义的重点不是福利，而是为所有人提供“基本善”。在他看来，“社会善”在广泛的意义上说就是权利、自由、机会和权力，“基本善”是每一个理性人都需要的东西，对于实现个人的人生计划或者是目标来说十分重要[③]。在平等化的解决方案上，他认为社会正义制度在分配平等中发挥着非常重要的作用。他主张首先选择一个政治经济制度，实现将基本自由、移居和选择职业自由在最大限度上平等地供应给所有公民。其次选择能够使权利和自由、权力与机会、收入和财富收入的财富三类“基本善”指标最大化的经济资源分配方案和政治经济机制。

德沃金对罗尔斯的差别原则进行了尖锐的批评，指出它不可具体化，是一种社会群体间的平等观，并提出了一种同样基于权利而面向个体的“资源平等”理

① 杰里米・边沁：《道德与立法原理导论》，时殷弘译，商务印书馆，2000，第 58 页。

② 约翰・罗尔斯：《正义论》，何怀宏、何包钢、廖申白译，中国社会科学出版社，2016，第 3 页。

③ 约翰・罗尔斯：《正义论》，何怀宏、何包钢、廖申白译，中国社会科学出版社，2001，第 93 页。

论，试图弥补罗尔斯平等理论所具有的缺陷[①]。他认为简单意义上的福利平等在道德上是没有吸引力的，应该平等化的不是福利，而是如何分配可转让资源以恰当补偿不均等且数量固定的不可转让资源造成的个体差异。德沃金提出了“原生运气（brute luck）”和“选项运气（option luck）”概念，认为公平要求人们承受选项运气带来的后果。由于个人行动或信仰而引起的处境差异则不属于正义关心的范畴，正义只补偿那些并非由个人自身原因所导致但又妨碍实现人生价值的不利方面，明确将个人责任问题带入了对平等的分析之中。在资源平等化的解决方案上，德沃金认为可以通过市场机制来解决。他设置了理想的自由拍卖状态，并引用自由市场概念作为解决分配问题的关键因素来达到原初的资源平等。在医疗资源分配上，德沃金反对完全由自由市场决定医疗资源的享有权。

森主张平等主义的正义观，但认为罗尔斯的平等化的对象是错误的。从森的能力分析路径上看，“基本善”并不是一种能力。从基本物品到能力，存在着一个转化的过程。拥有较多的善，只是为拥有较大的可行能力提供了重要条件，并不是说拥有了较多的“基本善”就拥有了较大的可行能力。他认为正义既不要求福利的平等化，也不要求“基本善”的平等化，需要平等化的是他称之为“可行能力”的东西（一个人的可行能力指的是此人有可能实现的、各种可能的功能性活动组合的实质自由）[②]。在后来的研究中，森指出公平社会就是使公民功能性活动的可得向量集平等的社会。从实践的观点上看，森所提倡的公共选择的基础首先是自由，其次是民主。在这两个前提下，每一个社会成员都拥有表达自我价值偏好的自由和权利，一个被社会成员所认同的社会价值和公共决策需要公众的参与，这需要采用社会公开讨论和民主选举的方式来达成。

罗默（John Roemer）从哲学视角和经济学角度透视并吸纳了罗尔斯、森、诺奇克（Robert Nozick）和德沃金等人的观点，得出结论：我们希望找到这样一种社会资源的分配，在这种分配下只要个体面对的环境相同，他们就具有相等优

---

① 罗纳德·德沃金：《至上的美德》，冯克利译，江苏人民出版社，2003，第 65 页。

② 阿马蒂亚·森：《以自由看待发展》，任赜、于真译，中国人民大学出版社，2002，第 62-63 页。

势[①]。基于人人平等的信念，他长期致力于将其福利主义理念转化为能够推进社会发展、具有可操作性的公共政策，倡导并主张通过税收政策的设计来实现健康、收入或福利等方面的机会平等。

在《正义论》中，罗尔斯并没有对医疗卫生服务公平进行专门的论述，但是在其后来的著作中他曾指出："提供卫生保健，连同其他一般的基本善，都是为了满足自由和平等的公民之需求和要求。此种保健作为一种一般的、必要的手段而保障机会的公平平等以及保障我们能够行使基本权利和自由的能力。"丹尼尔斯（Norman Daniels）将罗尔斯的理论在医疗保健领域进行了拓展，并认为分配公正关涉到谁应该获得什么，医疗保健机构如何对各种医疗产品和服务进行分配直接与所有人的福利和生活品质相关[②]。从实践的视角上看，各国建立医疗保障制度就是希望保证所有社会成员在基本医疗卫生服务需求上享有同等的就医机会和权利，得到同等的经济补偿，不因其社会地位、经济状况、受教育水平等的不同而被区别对待。

二、健康需求理论

一般而言，常用于描述卫生服务需求的人口统计学因素主要包括人口总数、人口密度、农业人口比例、性别比、婚姻状况、65 岁以上人口比例等指标。20 世纪 60 年代，在 Mushkin、Becker 等人的开创性工作下，健康这一因素被纳入人力资本存量的研究中[③④]。Mushkin 最早将教育与健康一起列入人力资本讨论的范围，Becker 则是从传统效用理论中拓展出了家庭生产函数。在 Becker 构建的家庭生产函数模型中，他把家庭消费视作一个与厂商生产相类似的过程，并区分了物品（marker goods）、消费品（consumption commodities）两个概念。在其家

① 约翰·E. 罗默：《分配正义论》，张晋华、吴萍译，社会科学文献出版社，2017，第 293 页。

② 田海平：《医疗公正的理论难题及其求解》，《中国社会科学报》2016 年第 9 期。

③ Selma J. Mushkin, "Health as an Investment," *Journal of Political Economy* 70,no.5(October 1962):129-157.

④ Gary S. Becker, "A Theory of the Allocation of Time," *The Economic Journal* 75, no.299 (September 1965):493-517.

庭生产理论分析框架下，人们从市场上购买各种物品，并结合自己的时间、技能以及知识，生产可获得效用的消费品，并努力追求个人效用水平的最大化。这一过程中，消费者的效用函数、家庭生产函数、收入效用预算限制与时间限制，可以分别表示为：

$$U=U（H，Z） \tag{5.1}$$

$$H=G_1（M，T_h；E） \tag{5.2}$$

$$Z=G_2（X，T_z；E） \tag{5.3}$$

$$P_mM+P_XX=R=N+WT_w \tag{5.4}$$

$$T=T_w+T_h+T_z \tag{5.5}$$

式（5.1）到式（5.5）中，U 表示效用；H 表示健康；Z 表示其他消费品；M 表示卫生服务数量；X 表示其他物品数量；T_h 表示生产健康所花费的时间；T_z 表示生产其他消费品所花费的时间；E 表示环境变量；T_w 表示工作时间；R 表示总货币收入；P_m 表示医疗服务价格；P_X 表示每单位 X 物品的货币价格；W 表示每小时工资；N 表示非薪资收入；T 表示可利用的总时间。

Becker 的家庭生产函数模型从理论上改变了对消费者行为的传统解释，用他的理论来解释医疗卫生服务需求的话，那就是医疗卫生服务需求是获得健康的一个重要投入要素，消费者购买医疗服务的目的在于健康需求。

虽然 Mushkin、Becker 等人证明了健康在人力资本中的重要性，但关于健康需求的模型却迟迟没有出现。一直到 1972 年，格罗斯曼（Michael Grossman）提出健康需求理论与模型才标志着健康经济学分析框架的确立。格罗斯曼综合了 Becker 的研究成果，把家庭生产函数引入了健康效用函数的分析之中，搭建了包含健康因素在内的一种考虑多期效用的动态模型——家庭效用函数和生产函数模型，为医疗需求的量化研究开辟了一条新的道路①②。在《健康需求：理论与实证研究》（*The Demand for Health：A Theoretical and Empirical Investigation*）一文

① Pole J. D., "The Demand for Health: A Theoretical and Empirical Investigation," *Journal of the Royal Statistical Society: Series A (General)* 137, no. 2(March 1974):279-280.

② Michael Grossman, "On the Concept of Health Capital and the Demand for Health," *Journal of Political Economy* 80, no.2 (January 1972):223-255.

中，他开创性地提出了健康生产函数（health production function）概念，并指出消费者从市场上购买医疗卫生服务、食品及保健品等健康投资（资本）要素，结合自己的时间生产健康，用以改善自身的健康状况，并将其转化为健康天数。同时，医疗卫生保健并不是改善健康的唯一手段，健康还会受到教育、生活方式、环境污染、可及发展等变量的影响。我们可以将健康生产函数的形式表示为：

$$H=f(M, LF, E; S) \tag{5.6}$$

式（5.6）中，H 代表消费者的健康水平；M 代表医疗卫生服务及产品；LF 代表消费者选择的生活方式；E 代表教育和环境；S 代表社会经济因素等。

格罗斯曼构建的健康需求模型的特色在于把健康视为能提高消费者满足程度的耐耗投资品，个人可以通过对健康资本的投资“选择”生命的长度，投资方式是通过家庭生产函数来进行的。健康是消费者的需求同时也是消费者自己生产出来的，它包括寿命和给定时间内的无病天数。格罗斯曼首次向经济学的研究者们提出了这样的观念：对于医疗的需求是从更基础的身体健康的需求所衍生出来的[①]。在健康需求模型中，可以把健康看作消费品，直接纳入效用，也可把健康看作投资品，纳入生产函数。对于消费者而言，健康为其带来的收益体现在两个方面：一是直接效用的增加，即在消费方面健康使人们感觉更好；二是活动时间的增加，增加了个体的工作时间。更好的健康状况产生了更多更健康地工作或休闲的时间，而更高的收入意味着有更多的时间用于健康地工作或休闲，收入成为决定健康需求的重要因素。与此同时，个人选择的生活方式、医疗保健习惯也会对健康的产出产生很大的影响。格罗斯曼假定消费者是拥有完全信息的理性消费者，追求效用贴现值总和最大化，能够对能改善个人健康状况的支出与花费在其他商品上的支出进行评估与比较。假设一个消费者在一生中各个时期的效用函数[②]为：

$$U=U(\phi_t H_t, Z_t), t=0,1,\cdots,n \tag{5.7}$$

① 詹姆斯·亨德森：《健康经济学》，向运华等译，人民邮电出版社，2008，第 97 页。

② Michael Grossman, “On the Concept of Health Capital and the Demand for Health,” *Journal of Political Economy* 80, no.2 (January 1972):223-255.

式（5.7）中，H_t 表示第 t 期的累计健康资本存量；t 表示单位健康资本的收益；$\phi_t H_t$ 表示第 t 期所消费的健康；Z_t 是第 t 期消费的除健康外的其他商品的数量。初始的健康资本存量为 H_0，是外生的；以后各期的 H_t 是内生的，由消费者自己选择。消费者的寿命 n 也是内生的。健康资本的增量为：

$$H_{t+1} - H_t = I_t - \delta_t H_t \tag{5.8}$$

式（5.8）中，I_t 是第 t 期对健康资本的投资；δ_t 是折旧率，折旧率是外生的，但随年龄的变化而不同。I_t 和 Z_t 由以下函数决定：

$$I_t = I_t(M_t, T_t H_t; E) \tag{5.9}$$

$$Z_t = Z_t(X_t, T_t; E) \tag{5.10}$$

其中 M_t 是可以购买到的一系列商品，例如卫生服务，它们作为投入，可以产出 I_t；$T_t H_t$ 是用于提高健康的时间；X_t 是可购买的一般消费品；T_t 是用于产出 Z_t 的时间，这四者是内生的。E 是除健康外的人力资本，是外生的。消费者面临的预算约束是：

$$\sum_{t=0}^{n} \frac{P_t M_t + Q_t X_t}{(1+r)^t} = \sum_{t=0}^{n} \frac{W_t T W_t}{(1+r)^t} + A_0 \tag{5.11}$$

P_t 和 Q_t 是价格，W_t 是工资率，TW_t 是工作时间，A_0 是初始财富。除了预算约束外，消费者还面临时间约束。在每个时期的总时间为 Ω，而且必须当期用完，因而：

$$TW_t + TH_t + T_t + TL_t = \Omega \tag{5.12}$$

其中 TL_t 是健康状况不良造成的时间损失，例如由于生病而不能工作的时间。式（5.7）到式（5.12）构成了消费者的健康需求模型。消费者的目标是在预算约束和时间约束下使效用最大。后来的研究中，许多学者对格罗斯曼健康需求模型进行了丰富与拓展，Murrinen 在一般化格罗斯曼健康需求模型下对年龄、教育和家庭财富的变动进行了比较静态分析[①]，古德曼等人考虑了医疗服务的异质

① Marja J. Murrinen, "Demand for Health: A Generalised Grossman Model," *Journal of Health Economics* 1, no.1(June 1982):5-28.

性的影响[①]，Newhouse、Sidorenko 等人讨论了保险因素对健康的影响[②③]，Jacobson 对家庭规模对健康的影响进行了探讨[④]，Cropper，Dardanoni 和 Wagstaff，Chang，Liljas，封进和秦蓓在格罗斯曼的模型中引入了不确定性[⑤⑥⑦⑧⑨]。学者们对格罗斯曼的模型的理论扩展，让理论模型与社会现实的距离变得更近。

三、对于理论的思考

世人对公平、平等的渴望，是推进人类社会不断向前发展和进步的内生性动力之一。尽管不同学术流派在追求过程公平、结果公平或两者兼而有之这一问题上存在着理论之争，但在当今世界的大多数国家中，为本国公民提供基本医疗卫生服务已是现代政府的天然职责和基本实践。在关于医疗卫生服务和健康的讨论中，不公平主要指的是个体在医疗卫生服务机会获取上的不公正或差异。这种差异不仅是不合理的，同时也是可以避免的。当我们以“基本善”“资源平等”或“可行能力平等”等为衡量标准时，可以发现社会民众在基本医疗卫生服务获取

---

① Allen C. Goodman, Miron Stano, John M. Tilford, “Household Production of Health Investment: Analysis and Applications,” *Southern Economic Journal* 65, no.4(April 1999):791-806.

② Joseph P. Newhouse, “Toward a Theory of Nonprofit Institutions: An Economic Model of a Hospital,” *American Economic Review* 60, no.1(February 1970):64-74.

③ Alexandra Sidorenko, “Stochastic Model of Demand for Medical Care with Endogenous Labour Supply and Health Insurance,” *Trade Development,* no.8(February 2001):10-26.

④ Lena Jacobson, “The Family as Producer of Health—An Extended Grossman Model,” *Journal of Health Economics* 19, no. 5 (October 2000):611-637.

⑤ Maureen L. Cropper, “Health, Investment in Health, and Occupational Choice,” *Journal of Political Economy* 85, no.6 (February 1977):1273-1294.

⑥ Valentino Dardanoni, Adam Wagstaff, “Uncertainty and the Demand for Medical Care,” *Journal of Health Economics* 9,no.6 (July 1990):23-38.

⑦ Fwu-Ranq Chang, “Uncertainty and Investment in Health,” *Journal of Health Economics* 15,no.3(July 1996):369-376.

⑧ Bengt Liljas, “The Demand for Health with Uncertainty and Insurance,” *Journal of Health Economics* 17, no.2(May 1998) :153-170.

⑨ 封进、秦蓓：《中国农村医疗消费行为变化及其政策含义》，《世界经济文汇》2006 年第 1 期。

上的机会公平是至关重要的，医疗卫生资源与服务分配应该尽可能公平。因为享有医疗保健不只是一种福利，还是一种基本权利。当出现有限医疗卫生资源和设施在社会阶层间分布不均，更多地聚集在城市和经济繁荣地区并被城市居民和高收入阶层所享用，仅有少量分布在贫困地区且农村、低收入人群的医疗卫生服务需求难以得到满足时，就会引发严重的健康不公平。就日常观察到的事实而言，各国服务于全民的医疗卫生保障制度和体系都不同程度地存在着医疗卫生服务机会获取上的不公正、不公平。要克服实践中出现的不公平问题，就需要我们在制度上不断创新，并加以改进和完善。

在格罗斯曼的健康需求理论中，健康资本是人力资本的组成部分，健康既是消费者的需求又是由消费者生产出来的。医疗卫生服务需求是健康需求的衍生需求，年龄、工资、教育等个体特征，以及自然环境和社会要素是影响个体医疗卫生服务需求的因素。对格罗斯曼的健康需求理论的扩展表明，医疗保险的介入降低了消费者就医时所面对的货币价格，在医疗保险的作用下消费者购买医疗卫生服务的成本会降低，消费者的医疗卫生服务需求会增加。享有更多的医疗保险意味着消费者可以受到更少的预算约束、利用更多的医疗卫生服务和全社会福利的增加。要重视和积极发挥医疗保险财富转移和收入再分配的功能，合理满足健康风险程度、经济收入水平不同的消费者的医疗卫生服务需求，改善健康不公平状况，从而更好地促进社会公平正义。

第二节　分析框架构建

一、四维社会福利政策分析框架

通过前文对公平正义理论、健康需求理论的梳理和重大疾病保障制度保障机制作用方式的分析，我们发现关于医疗保障制度的研究，一些学者们主要是从经济视角展开的。借助于对患者医疗费用负担、现金卫生支出的测量，我们大致可以知道一个国家或者地区医疗卫生保障制度在补偿上的公平程度。另外一些学者则是从健康水平测量的视角来对医疗保障制度的健康绩效进行评价的。应该注意的是，两种研究思路都存在着一定的不足。对医疗保障制度绩效的测量，在理想的状态下还是需要建立起一个能够包容经济绩效、健康绩效的分析框架。

在 Neil Gilbert 和 Paul Terrell 编写的《社会福利政策导论》中，他们共同提出了分配基础、分配内容、分配途径和资金筹集的四维社会福利政策分析框架（图 5-1），构建了相对独立与完整的分析系统①。

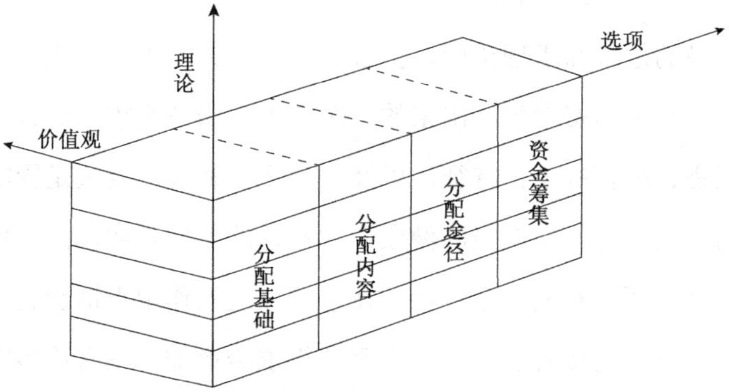

图 5-1　四维社会福利政策分析框架 ①

“四维三向”的四维社会福利政策分析框架具有较好的适应性、融合性，对一般的社会福利政策选择具有较强的解释和分析能力。在这个分析框架中，分配基础从普遍性原则或选择性原则的视角对政策分配的对象进行了审视。分配内容从实物、现金甚至机会、服务、代金券等视角，对政策服务形式进行了考量。分配途径从如何提供福利的视角，分析传递、分配的效率和效果。资金筹集探讨的是资金的来源——政府、企业、社会又或是三者之间的有效结合。在每一个维度中都包括有理论、选项、价值观，即哪些方案可以选择、哪些价值观支持这些方案、有哪些理论和假设支持这些方案 ①。

---

① Neil Gilbert，Paul Terrell :《社会福利政策导论》，黄晨熹等译，华东理工大学出版社，2003，第 84 页。

二、"个体需求—统筹城乡—制度绩效"分析框架

本部分以重大疾病患者医疗卫生服务需求为起点，在公平正义理论、健康需求理论的指导下，借鉴四维社会福利政策分析框架的分析思路，结合研究需要将个体需求、统筹城乡、制度绩效整合在一起，建立了重大疾病保障制度、不同统筹模式重大疾病保障制度"个体需求—统筹城乡—制度绩效"分析框架（图5-2）。这一分析框架将经济绩效、健康绩效同时纳入并进行分析。

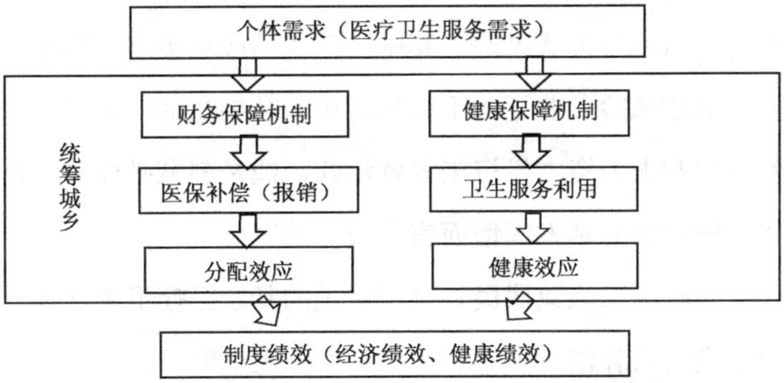

图 5-2　重大疾病保障制度绩效分析框架

绩效评估是对特定政策实施过程及其效果的评估，对后续政策体系的完善和创新等方面有十分重要的影响。从评估方法上看，成本收益分析法和成本效用分析法在不同层面和领域的绩效评估中会经常使用。从政策绩效评估的视角而言，增设医疗保险的目标是让参保人能够有效利用医疗卫生服务进行疾病的预防和治疗，减轻患者的经济负担，提高个体的健康水平，并增加全社会的人力资本。社会保障制度作为一种制度规范，建设和发展的目的在于维护公民的健康权，保障参保人拥有基本医疗卫生服务。从理论和实践上来说，搭建社会医疗保障制度绩效评价的分析框架时，可以将非大病患者、医疗机构利益诉求、政府机构利益诉求和其他一些利益相关者的诉求考虑进来。这样做会使得整个评估体系和层次看上去更加合理，得出的结论也更为全面。但是，中国重大疾病保障制度的政策目标是减少"因病致贫、因病返贫"。从投入—产出的视角上看，其制度绩效衡量

指标就可以简要总结为经济绩效、健康绩效两个主要方面，非大病患者、医疗机构、政府机构的利益诉求和其他的一些评估指标在这一既定的制度目标面前就显得不是特别重要了。中观、宏观上的政策评估分析内容太多、叙事过于宏大有可能会冲淡研究的主题。

需求既可以是行为的起因，也可以是行为的结果。“个体需求—统筹城乡—制度绩效”分析框架的逻辑起点，是城乡重大疾病参保（合）患者的医疗卫生服务需求。从国内外研究成果上看，重大疾病非常容易引发家庭灾难性卫生支出。一旦发生家庭灾难性卫生支出，患者及其家人会采取正式和非正式的应对策略来化解所面临的财务风险与健康风险。其中，正式的应对策略是通过医疗保障制度转移财务风险与健康风险；非正式手段包括申请慈善救助、借债、出售财产、减少必要的家庭支出和人力资本投资来筹资治疗，或是削减必要的医疗服务项目甚至放弃治疗等。就中国的基本国情而言，很多地区城乡之间在经济、社会和文化的发展水平上差异较大。城镇居民、农村居民的基本医疗卫生服务需求能否得到有效满足，会受到来自补偿（报销）规则、医疗卫生服务资源分布、个体获取医疗卫生服务的能力以及社会环境等多个方面因素的影响。

健康权是公民的一项基本权利，为改变城乡二元结构下医疗卫生利用不平等的状况和促进社会健康公平，中国政府在社会公平正义理论和价值观的指导下，采用了统筹城乡的方式来协调，以满足城乡居民的基本医疗卫生服务需求；通过对重大疾病保障制度卫生筹资、起付线、补偿（报销）规则、封顶线等一系列政策选项的科学设计，力求最大限度消除城乡重大疾病患者在医疗卫生服务获取上的权利不平等、机会不平等、规则不平等；利用重大疾病保障制度的财务保障机制、健康保障机制，对不同户籍、不同收入水平、不同健康水平的重大疾病患者进行医疗费用补偿（报销）和基本医疗卫生服务供给，从而达到缩小社会收入差距、促进社会健康公平的目的。

在平等、公平、充分的社会公义下，重大疾病保障制度在统筹城乡的方式上主要存在着被本书称之为“一元制模式”“一制两档模式”的两种基本模式。其中，“一元制模式”指的是城乡居民医保基金池统一的模式；“一制两档模式”指的是城乡居民医保基金池“分档统一”，按照城镇居民、农村居民身份管理的模式。从分配基础上看，重大疾病保障制度的分配基础是城镇居民、农村居民，在追求机会公平兼顾结果公平的理念下，两种统筹模式表现出了普遍性、选择性两种价值观和选项。在“一元制模式”的普遍性价值观中，社会福利响应的是整个社会群体对医疗卫生服务的需求，罹患重大疾病之时城镇居民、农村居民并无身份上的差异，享有同等的就医机会和待遇水平，在政策上表现为中国政府针对城乡居民基本医疗卫生服务提出的“六个统一”原则（统一覆盖范围、统一筹资政策、统一保障待遇、统一医保目录、统一定点管理、统一基金管理）。“一制两档模式”的选择性价值观认为，结合不同人群的筹资标准、基金池规模大小来制订相应的福利计划更有利于有效实现公平正义。对城镇居民、农村居民分而治之，制定不同的补偿（报销）规则与标准能够有效避免“穷帮富”“农补城”等逆向分配的问题，有利于更好地保障不同人群的医疗卫生服务需求和促进分配公平。从分配内容上看，两种统筹模式并无差异，都是通过医疗费用报销（补偿）的方式来保障重大疾病患者对医疗卫生服务的需求，分配的是医疗保险基金，是非实物的分配方式。从分配途径上看，四维社会福利政策分析框架将分配途径划分为非赢利、赢利两种输送系统。在重大疾病患者医疗卫生服务利用的问题上，患者只要是在具有资质的医疗机构接受医疗卫生服务就可以得到报销（补偿），因此不存在非赢利、赢利两种输送系统之分。从资金筹集上看，实践中有城乡居民基金池统一、城乡居民基金池分设两种方式。从以上分析我们可以看出，统筹模式虽以医保基金的统一方式作为划分标准，但它事实上涵盖了卫生筹资、起付标准、超额累计分段报销（补偿）标准、医疗机构报销（补偿）标准、封顶线等重要的政策设计。

综上所述，“个体需求—统筹城乡—制度绩效”分析框架以个体需求为逻辑起点，从统筹城乡视角对重大疾病保障制度的健康绩效和经济绩效进行实证分析，对不同统筹城乡模式重大疾病保障制度的制度绩效进行比较。

第三节　研究方法与调查设计

一、研究方法、数据来源

本书综合运用了公共管理学、卫生经济学、计量经济学等不同学科的研究方法来进行实证研究与分析。采用的研究方法主要有以下两种。

（1）统计分析法。主要采用统计描述的方法，对入户调研样本的生理特征、家庭经济状况、卫生费用、现金卫生支出、保险补偿（报销）金额、健康自评、自理能力评价、调研地区经济社会发展现状等基本信息进行说明。在具体的研究过程中，还将会用到图示法、列表法等一些直观、常见的分析方法。

（2）计量分析法。对于重大疾病保障制度绩效的分析，本书采用建立多元线性回归模型、有序 Probit 模型，从个体特征、经济因素及统筹模式因素等方面进行实证分析，利用集中指数、泰尔指数、FGT 贫困指数，对不同统筹模式的制度绩效进行比较研究。

数据来源上，国家及地区的宏观经济、社会、卫生数据主要来自中国统计年鉴、中国卫生和计划生育统计年鉴、中国历次国家卫生服务调查以及中央各部委的官网；针对地方的研究，主要以贵州省为例，相关数据主要来自贵州省统计年鉴、市（州）政府地方经济和社会发展公报以及政府相关部门的官网；家庭及患者个体微观数据源自国家自然科学基金项目“城乡居民重大疾病保障制度模式、效应评估与对策研究”，样本选取以患者个体为单位，以年龄、户籍、性别为控制特征[①]，采取相互控制配额抽样的方式从经办机构的数据库中抽取，同时提取的还有个体样本的重大疾病卫生总费用、基本医疗卫生费用、大病保险报销费用、现金卫生自付、住院机构等信息。随后，在调研地区通过服务外包的方式组

① 年龄特征参照全国第六次人口普查的人口年龄结构结果 0~14 岁占 16.60%、15~59 岁占 70.14%、60 岁及以上人口占 13.26% 的构成情况进行控制。

织社区保险专员入户开展问卷（附录一）访谈。技术路线具体如图 5-3 所示。

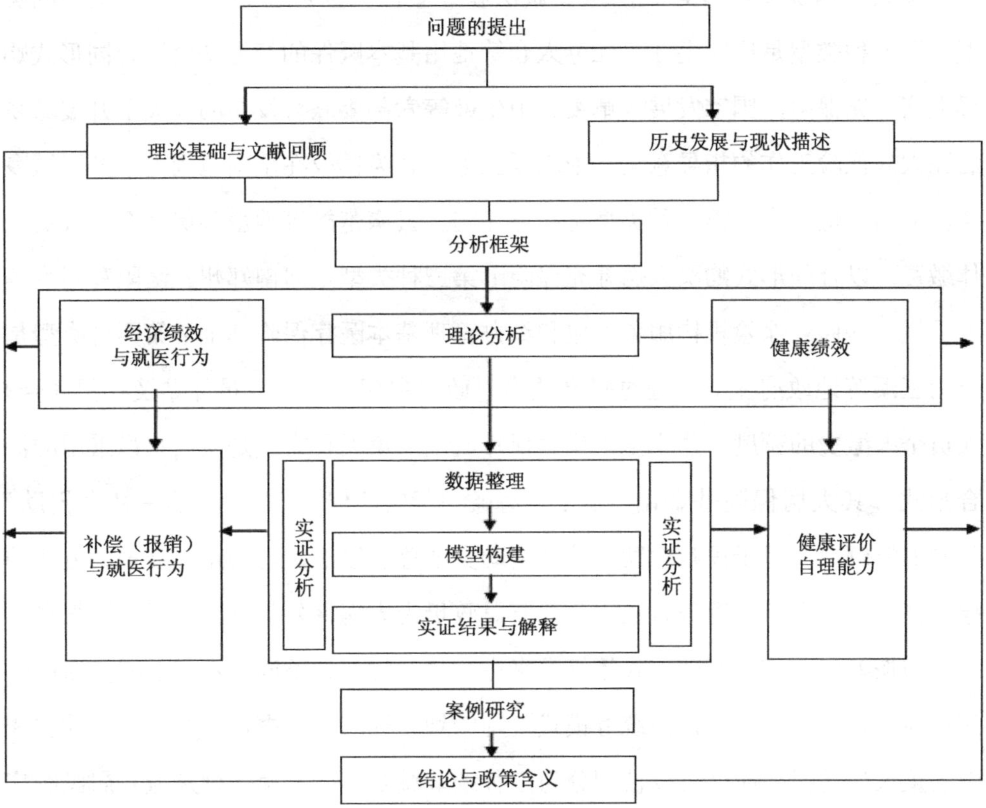

图 5-3　技术路线

二、调查设计

1. 调研方法与地点选择

调研工作分两个阶段推进。第一阶段是对全国重大疾病保障制度统筹模式的面上的调研。相关报道显示，“截至 2016 年底，我国基本养老、失业、工伤、生育保险参保人数分别达到 8.88 亿人、1.81 亿人、2.19 亿人、1.85 亿人，基本医疗保险覆盖人数超过 13 亿人”①。为进一步解决个人患大病所引发的高额医疗费

① 白天亮：《基本医疗保险覆盖人数超 13 亿》，《中国数字医学》2017 年第 10 期。

用负担问题，我国于 2012 年开始了重大疾病保障制度的理论和实践创新。

重大疾病保障制度建设的主要做法和经验，大致可以划分为五种主要的类型：第一种类型是广东湛江、江苏太仓等地用基本医保的统筹基金以合同形式购买大病补充保险，国家发展改革委、卫生部等六部委联合发布的《关于开展城乡居民大病保险工作的指导意见》中就以江苏太仓为模板在全国范围内铺开了城乡居民大病保险工作；第二种类型是江苏江阴、云南楚雄等地由参保（合）人员个体缴费，以合同形式购买大病补充保险；第三种类型是河南郑州、洛阳和新乡等地委托一些商业保险机构服务外包和经办管理基本医疗保险基金；第四种类型是云南玉溪等地政府主导，通过提高政府财政对参保（合）人员补贴及参保（合）人员个人缴费的额度，建立重大疾病保障制度；第五种类型是陕西旬邑采用的混合形式，其大病保险基金由“新农合基金 + 政府财政 + 民政救助 + 社会捐助”共同筹资解决，由于民政救助、社会捐助资金总量较小，特别是社会捐助方式的稳定性较差，在这种筹资方式中，政府财政仍为大病保险基金的主要来源渠道。

与按筹资方式、管理方式等标准来进行分类的方式不同，本书以城乡居民医疗保险基金池是否统一作为统筹模式类别的划分标准。根据这一标准，当前实践中的重大疾病保险制度可以被划分为三种统筹城乡模式：第一种是城乡居民医疗保险基金池统一的“一元制模式”；第二种是基金虽然统一，但分设城镇居民、农村居民医疗保险基金池的“一制两档模式”；第三种是基金尚未统一，按照城镇居民、农村居民身份管理的模式，这种模式不具统筹城乡之意。

第二阶段是空地调研。本书主要研究内容是重大疾病保障制度绩效，为对这一问题展开深入研究，笔者在 2017 年 3 月对贵州省社会保险事业局、贵州省卫生和计划生育委员会的相关处室进行了政策调研，并与相关人员进行了座谈，从面上了解了贵州自 2013 年开展大病保险试点工作以来三个试点地区以及省内其他市（州）重大疾病保障制度建设情况和实施成效。在两个部门的推荐和大力协调下，笔者在 2017 年 4 月—5 月先后到贵州省贵阳市、毕节市、铜仁市、黔东南苗族侗族自治州、黔西南布依族苗族自治州（以下简称“黔西南州”）的业务主管部门进行调研。在综合考虑人口结构、经济和社会发展水平、2013 年贵州省大病保险试点方案、统筹模式的代表性等因素之后，最终决定在贵阳市、黔西南州两个地区开展入户调研。之所以这样选择，是因为两地的基金规模、参保（合）人口数量、经济发展水平较为相近（表 5-1），是进行制度绩效实证分析和比较研究的较为理想的样本。

表 5-1　首批试点三个市（州）2016 年大病保险筹资基本情况

市（州）	基本医疗保险类别	参保人数/万人	大病筹资总额/万元	人均筹资额/元
贵阳市	城乡居民（一档）	79	2 670	约 33.8
	城乡居民（二档）	183	4 215	约 23
黔西南州	城乡居民	287	6 744	约 23.5

资料来源：贵州省人力资源和社会保障厅、贵州省卫生和计划生育委员会（现为贵州省卫生健康委员会）调研数据。

考虑到大病保险不是自然年决算而是跨年度决算，报销时间从上一年的 8 月截止到下一年的 8 月。为保证数据来源的真实、可靠和完整，笔者一直等到 2017 年 8 月中旬，才从调研地区的大病保险经办单位——中国人寿保险股份有限公司贵阳分公司、中国人寿保险股份有限公司黔西南分公司获取了 2016 年全年的大病保险一手基础数据。

2. 数据收集与整理

在问卷的设计上，此次所使用的调查问卷是在国家自然科学基金项目“城乡居民重大疾病保障制度模式、效应评估与对策研究”（项目编号：71573118）所设计的调查问卷的基础上，剔除了如“家庭健康与卫生保健”等与此次研究相关度不大的部分内容后设计的（见附录一）。问卷问题主要为调查一些客观现实。根据一般经验，这类非量表类问卷的选择题信效度一般主要通过专家审定，不是特别适合做信效度检验。问卷中，量表类的问题只涉及了健康自评，本书中采用了改进后的 EQ-5D 量表进行测量，这一量表是国内外公认的有效量表，无须再进行信度和效度分析。为保证问卷有效，问卷制定好后笔者邀请了多名专家进行网络评审，专家认为问卷的制定具有一定的科学性。问卷主要涉及访谈者家庭收入与结构、卫生费用总支出、基本医疗保险报销（补偿）金额、大病保险“二次报销”报销（补偿）金额、个人现金卫生支出、健康自评、就医行为等方面的内容。问卷由六个部分组成：第一部分为人口学背景资料，主要记录了被调查患者的年龄、性别、医疗保险类型、婚姻状况、最高教育程度等；第二部分为收入与家庭资产，主要记录了被调查者家庭上一年收入及其构成、被调查者的就业情况、家庭资产、其他家庭收入与负债情况等；第三部分为家庭支出，主要记录了上一年被调查者的家庭卫生费用总支出、个人现金卫生支出、医疗保险报销（补偿）金额、家庭医疗月支出、食品消费支出、其他支出等；第四部分为健康状况和功能，主要记录了患者健康自评、自理能力、ADL（activities of daily living，日常生活活动）指标等内容；第五部分为医疗保险，主要记录了重大疾病患者的卫生费用总支出、个人现金卫生支出、基本医疗保险报销（补偿）金额、大病保险“二次报销”报销（补偿）金额、医疗救助报销（补偿）金额等方面的内容；第六部分为医疗服务的利用，主要记录了被调查者两周内的患病情况、上一年住院情况、就医便利性与可及性等方面的内容。

入户调查的目标对象是调查年度（2016 年）享受了城乡居民大病保险报销政策的城镇、农村居民重大疾病患者。研究采用配额的方法进行抽样，样本选取以患者个体为单位，以年龄、户籍、性别为控制特征，采取相互控制配额抽样的方式进行，同时也充分考虑到了样本所在社区（行政村）相对集中，便于入户工作开展。在地方政府相关管理部门的大力支持下，笔者在 2017 年 8 月通过数据脱敏（data masking）的方式，在两地医疗保险数据库中提取了重大疾病患者的姓名、家庭住址、联系方式、医疗费用、分段补偿报销金额、自付金额、疾病类型、住院机构等方面的相关信息。

在前期对大病经办机构走访调研的过程中，笔者了解到两地大病保险经办机构的健康事业管理部门每年都会按照政府管理部门要求，组织社区专员对得到大病保险报销（补偿）的患者进行满意度调查，并将结果反馈给管理部门，这一工作会在每年的 8 月底、9 月初开始推进。综合考虑了多种因素后，笔者决定借助经办机构开展入户满意度调查工作的良好机遇，利用大病保险经办机构社区专员人数多、覆盖广、熟悉当地情况的优势，采取有偿服务的方式组织人员进行问卷调查，并为此在政府相关部门、笔者所在学院、大病保险经办机构之间进行协调和沟通。经过努力，一支由外聘高校青年教师、大病保险承办单位健康事业部经理、调研县（区）的支公司经理构成的调研工作组成立。

入户调查设置了三级组织：综合协调组作为一级组织，由笔者、调研两地的中国人寿保险股份有限公司健康事业部经理组成，全面负责调研工作的指导、培训、抽查、协调、调查问卷总复核及劳务费发放等工作；贵阳调研组、黔西南州调研组为二级组织，两地的中国人寿保险股份有限公司健康事业部经理担任组长，负责协调市（州）区域内的入户调研及县（区）调研劳务费的复核工作，副组长由入户县（区）支公司经理、外派青年担任；县（区）入户组为三级组织，组长由外聘高校青年教师担任，副组长由经办机构支公司经理担任，共同负责其辖社区入户调研的日常管理、任务分配、资料整理与核查、登记造册、劳务费核算等工作。县（区）入户组下设农村居民、城镇居民入户组两个小组，由支公司经理担任组长，组织并跟随组员（调查员）开展入户调查。组员（调查员）的选派由县（区）入户组组长负责，社区服务专员作为组员（调查员）根据其工作地域和实际工作需要，被统筹编入农村居民入户组、城镇居民入户组两个小组，在组长的组织下开展入户调研工作。组织工作完成后，笔者以甲方身份与作为乙方的中国人寿保险股份有限公司贵阳分公司健康事业部、黔西南分公司健康事业部达成协议，甲乙双方共同策划、管理、组织、实施整个调研活动，甲方根据乙方提交的合格回访问卷数量计付劳务费。

选择经办机构的社区专员作为调查员有一定的优势，社区专员曾为其所辖范围内的大病患者及家庭提供过报销和结算工作服务，熟悉地理环境、认识患者家庭成员及了解患者家庭的实际状况，门好进、事好办。同时，这部分人自身购买了人身意外伤害保险，风险系数相对较小。尽管如此，选择社区专员进行入户调查工作也存在一定的弊端，例如他们对调查目的、问卷内容和注意事项缺乏相应的了解。为解决好这一问题，2017 年 7 月初，笔者对聘请的作为县（区）入户组组长的青年教师进行了短期集中培训，使其明确此次问卷调研的主要目的和内容，与他们一起学习并确定问卷中每个问题的含义及指向，使其明确调查问卷提交的质量标准与要求。随后，笔者在 2017 年 7 月到 8 月间，将外聘青年教师带到调研县（区）与支公司经理建立起工作关系，帮助他们明确入户调查员的工作培训任务和调研时限要求，并亲自组织了部分调研地区的培训工作。

2017 年 8 月，拿到调研患者的总样本数据后，笔者第一时间与各县（区）的组长进行了沟通，迅速明确了调研任务和工作要求。为保证调查问卷的质量，调研两地的县（区）部分街道、乡镇在正式调研活动开始之前，组织了一次为期一周的预调查。通过预调查，组员（调查员）更好地熟悉了问卷的内容，综合协调组就预调查中发现的有代表性的典型问题向县（区）入户组进行了通报，并及时予以纠正。随后，在笔者、县（区）调研工作负责人、支公司经理的“蹲点”推进下，调查员们从 2017 年 9 月到 12 月，耗时 3 个月完成了基础数据的采集工作。

作为调研活动的总负责人，在整个调研活动中，笔者全程参与了调查问卷设计、组员（调查员）培训、问卷预调查、质量控制、劳务费用计发等各个环节。调研期间，笔者走遍了所有县（区），并深入街道、社区督导和推进调研工作，实际参与了贵阳市云岩区中华社区、北京路社区、普陀社区、雅关村、渔安村、黔灵村、宅吉村，以及南明区、兴义市、普安县、晴隆县、贞丰县多地的入户调研，并协调解决各个县（区）调研过程中出现的各种问题。例如，在调研的过程中，组员（调查员）会遇到患者联系不上或者是无法联系的情况，这种情形下，由笔者联系经办机构和管理部门，从样本库中按照年龄、性别、户籍进行补抽以得到相近样本，联系上之后重新安排入户。整个调研工作从前期准备到结束，断断续续历时近 9 个月，耗费了大量的人力、财力、物力。入户调研工作结束后，笔者又花费了近两个月的时间，将每个县（区）填报的电子版问卷数据与原始问卷进行逐一核实，纠正了电子数据中存在的少数几个计量单位错误、空行跳行等问题，并整理成为 STATA 数据文本。此次调研，最终发放入户问卷 1 200 份，回收率为 100%；有效问卷为 1 163 份（贵阳市样本 600 份，黔西南州样本 563 份），有效率为 96.9%。

第六章 调研地区重大疾病保障制度介绍及总体样本描述

本章将会介绍此次调研地区的重大疾病保障制度建设情况，并对总体样本进行描述，以便读者更好地了解调研地区经济社会发展省情、市（州）情。

第一节 调研地区基本市（州）情介绍

贵州省地处中国西南一隅，城乡居民家庭年平均收入水平低于东部、中部和部分西部省份，因病致贫、因病返贫现象在很长一段时间内存在。“救护车一响，一头猪白养”，就是贵州农民以往对重大疾病来袭导致的经济后果的口语化形象描述。2014 年，贵州省因病致贫、因病返贫人口达 82 万人，占贫困总人口的比例为 13.2%[①]。贵州省统计局数据显示，2015 年贵州全省共计有贫困人口 493 万，占全国贫困人口总数的 8.77%。全省 88 个县（市、区、特区）中，有 61 个贫困发生率在 10% 以上。从全省农村贫困人口的分布情况上看，毕节市 115.45 万人、黔东南州 84.32 万人、铜仁市 58.32 万人、黔南州 58.29 万人、遵义市 55.83 万人、黔西南州 43.23 万人、六盘水市 41.65 万人、安顺市 34.39 万人、贵阳市 1.52 万人。2015 年，全省贫困发生率为 14.0%，从贫困发生率上看，贵阳市和黔西南州的贫困发生率低于全省平均水平，分别为 0.8% 和 13.8%[②]，见表 6-1。

① 仇雨临、张忠朝：《贵州少数民族地区医疗保障反贫困研究》，《国家行政学院学报》2016 年第 3 期。

② 贵州省统计局：《贵州省贫困现状分析》，2016 年 10 月 11 日，http://stjj.guizhou.gov.cn/tjsj_35719/tjfx_35729/201610/t20161024_23132125.html。

表 6-1　2015 年贵州省 9 个市（州）贫困发生率

市（州）	贫困发生率 /%
黔东南州	21.7
毕节市	16.5
黔南州	16.5
六盘水市	15.7
铜仁市	15.5
黔西南州	13.8
安顺市	13.7
遵义市	8.4
贵阳市	0.8

资料来源：贵州省统计局。

一、贵阳市情简介

贵阳市素有“林城”美誉。贵阳市现辖云岩、南明、花溪、乌当、白云、观山湖 6 个区，修文、息烽、开阳 3 个县，代管清镇 1 个县级市；4 个国家级开发区（国家级高新技术产业开发区、国家级经济技术开发区、国家综合保税区、国家级航空港经济区）。贵阳全市有 72 个街道办事处，73 个乡（镇）。①

2016 年，贵阳全市年末常住人口 469.58 万人，人均生产总值 67 772 元，在全省九个市（州）中排名第一。全市全年城镇常住居民人均可支配收入 29 502 元，比上年增长 8.3%，扣除价格因素，实际增长 7.1%②。农村常住居民人均可支配收入为 12 967 元，比上年增长 8.8%，排除物价因素，实际增长 7.6%。

统计数据显示，城镇居民对健康保健的日益重视，推动了医疗保健相关消费的迅速增长，2016 年医疗保健支出增幅最大，同比增长 18.5%，达到 1 271 元。农村方面，2016 年农村居民人均生活消费支出首次破万，达到 11 044 元（图

① 贵阳市人民政府：《贵阳市简介》，2022 年 4 月 11 日，https://www.guiyang.gov.cn/jcgy_5903964/gyjj/202204/t20220419_73500554.html。

② 贵阳市统计局、国家统计局贵阳调查队：《2016 年贵阳市国民经济和社会发展统计公报》，2017 年 4 月 14 日，http://www.guiyang.gov.cn/zwgk/zfxxgks/fdzdgknr/tjxx/tjgb/202001/t20200102_40574468.html。

6-1)。从增速上看，居住支出增幅最大，同比增长 22%；医疗保健支出人均 543 元，增幅最低，同比增长 3.2%。为保障入户调研数据的真实可靠，此次抽样调研主要选择相对集中、调研人手更充裕和可操作性强的“六区”（南明、云岩、花溪、乌当、白云、观山湖）的重大疾病患者样本。

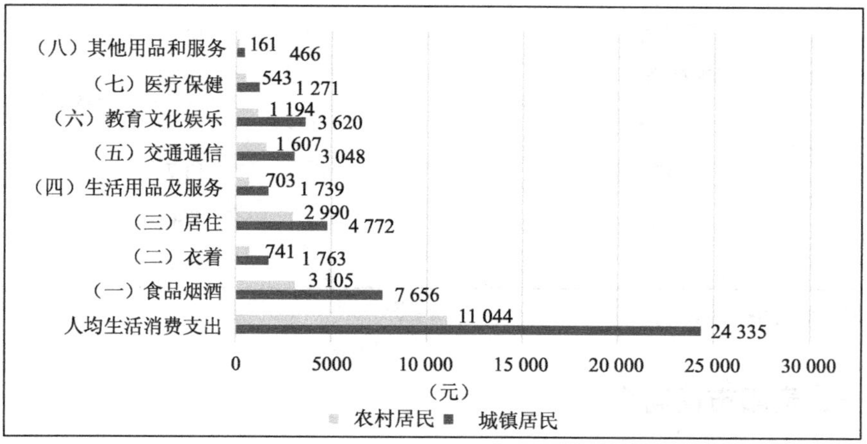

图 6-1　2016 年贵阳市城乡居民家庭生活基本情况

资料来源：贵阳市统计局、国家统计局贵阳调查队，《2016 年贵阳市国民经济和社会发展统计公报》，2017 年 4 月。

二、黔西南州情简介

黔西南州位于贵州省西南部，珠江上游，其西面与云南省曲靖市接壤，南面与广西壮族自治区百色市隔南盘江和红水河相望。行政区划包括兴义市、兴仁市、安龙县、贞丰县、普安县、晴隆县、册亨县、望谟县和义龙新区，是贵州能源矿产资源富集区之一。截至 2016 年底，全州地区生产总值（GDP）突破 900 亿元，为 929.14 亿元，比上年增长 13.3%①。

2016 年，黔西南州全州年末常住总人口 283.82 万人，黔西南州全年城镇常住居民人均可支配收入、农村常住居民人均可支配收入分别为 25 419 元和 7 779 元，分别比上年名义增长 8.9% 和 10.2%。全年城镇常住居民人均消费支出

① 黔西南州统计局、国家统计局黔西南调查队：《2016 年黔西南州国民经济和社会发展统计公报》，2017 年 5 月 27 日，http://www.qxn.gov.cn/zwgk/tjxx/tjgb/201705/t20170527_10870328.html。

16 296.91 元，比上年增长 7.3%；农村常住居民人均消费支出 7 042.65 元（图 6-2），比上年增长 11.1%①。医疗保健支出方面，城镇居民人均消费支出 607.67 元，占比 3.73%；农村居民人均支出 270.25 元，占比仅为 3.84%，但增幅却达到了惊人的 30.4%①。为保证调研数据真实可靠，此次黔西南州抽样选择兴义市（含义龙新区）、兴仁市、普安县、晴隆县、贞丰县的重大疾病患者为样本。

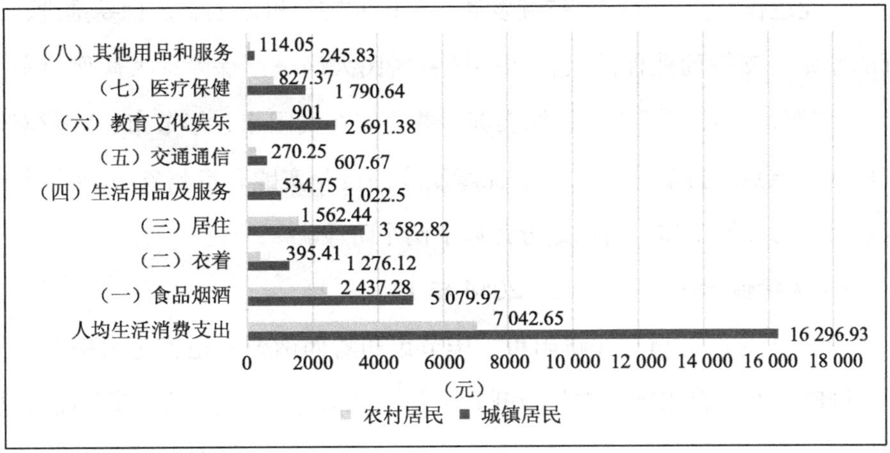

图 6-2　2016 年黔西南州城乡居民家庭生活基本情况

资料来源：黔西南州统计局、国家统计局黔西南调查队，《2016 年黔西南州国民经济和社会发展统计公报》，2017 年 5 月 27 日。

第二节　调研地区重大疾病保障制度介绍

本书中所定义的重大疾病保障制度，由基本医保、大病保险两个医疗保险制度构成。考虑到有关全国以及调研地区基本医保建设与发展成效的新闻报道、研究成果较为丰富和详尽，本书不再对这部分内容加以整理和介绍。结合研究需要，仅对贵州省贵阳市和黔西南州大病保险的建设与发展历程进行梳理。

① 黔西南州统计局、国家统计局黔西南调查队：《2016 年黔西南州国民经济和社会发展统计公报》，2017 年 5 月 27 日，http://www.qxn.gov.cn/zwgk/tjxx/tjgb/201705/t20170527_10870328.html。

一、贵州省重大疾病保障制度建设与发展历程

2013 年 1 月，贵州省人民政府办公厅印发了《贵州省人民政府办公厅关于印发贵州省开展城乡居民大病保险工作实施方案（试行）的通知》（黔发改社会〔2013〕201 号，以下简称《实施方案》），提出坚持以人为本、统筹安排，政府主导、专业运作，责任共担、持续发展，因地制宜、机制创新，稳妥推进、试点先行的原则，支持商业保险机构承办城乡居民大病医疗保险。大病保险实行市（州）级统筹，由各市（州）组织实施，并决定在贵阳市、毕节市、黔西南州开展大病保险试点，开启了重大疾病保障制度的贵州实践。贵州省 2018 年前的大病保险建设与发展工作，可以划分为以下两个阶段。

（一）大病保险试点（2013—2014 年）

2013 年 4 月，贵州省在贵阳市、毕节市和黔西南州三地推进大病保险试点工作。同时，在六盘水市、铜仁市开始进行大病保险制度建设的前期调研和摸底工作。

1. 基本承办模式

贵阳市、毕节市、黔西南州根据《意见》《实施方案》的要求，采用了“政府主导、管办分离”的模式，通过政府购买服务的方式，委托商业保险机构承办。各市（州）人民政府委托卫生、人力资源社会保障部门与中标商业保险机构签署保险合同，明确双方的责任、权利和义务，保险合同一年一签，合作期限原则不低于三年[①]。在业务管理的费用上，三地有所不同，目前三地商业保险机构的大病保险经办业务基本处于收支均衡的状态。

2. 统筹层次和方式

统筹层次上，贵州全省大病保险实行市（州）级统筹，由各市（州）统一政策、统一组织实施，保障范围与市（州）城乡居民基本医疗保险相衔接。贵阳市

---

① 贵州省人民政府办公厅：《贵州省政府办公厅关于印发贵州省全面实施城乡居民大病保险方案的通知》（黔府办函〔2015〕194 号），2015 年 11 月 30 日。

采用城乡分档统一的模式（本书称“一制两档模式”），设置“一档、二档”的方式来对原有的城镇居民、农村居民进行整合，“两档”人员在起付线、封顶线、分段报销比例上存在着较大的差异。采用“城乡统一”模式（本书称“一元制模式”）的有黔西南州、毕节市两个地区，两地的大病保险工作分别由人社局、卫生计生部门牵头，按照“六个统一”的方式进行运作。

3. 筹资方式

筹资上，试点三个地区大病保险从城乡基本医保基金中通过划拨的方式筹资，具体筹资由各地结合地方实际制定细化的报销比例的保障政策，参保（合）人员无须另外缴费。按照大病保险筹资金额的固定与否，试点地区的具体方案可以分成两种：一种是年内固定金额的方式，例如毕节市、黔西南州采用的是固定金额筹资方式，2013 年的人均大病筹资标准分别为 25 元、16.5 元；另一种采用的是比例筹资的方式，贵阳市采用的是此种方式，即《实施方案》中要求的原则上年度人均筹资总额的 5%。从筹资水平上看，大病保险制度设计之初，国务院医改办曾针对居民医保和新农合抽取 1 亿人样本进行调研，测算出大病发生概率为 0.2%~0.4%，即三四百万人口规模的地级市，医疗费用超过 20 万元的个案一年不超过 5 例。由此测算下来，平均每人每年从医保基金拿出 40 元，即可保障大病①。可以看出，试点地区 2013 年大病保险人均筹资在全国来说处于较低水平。

4. 保障对象与范围

在先期试点的三个地区中，大病保险保障对象为城居保、新农合参保（合）人。新生儿出生即随已参保（合）父母获参保（合）资格，按规定享受城居保、新农合待遇，同时享受大病保险待遇。在保障范围上，大病保险的保障范围与城居保、新农合衔接紧密，支付范围没有突破“三目录”支付范围。保障水平方面，调研数据显示三地基本医疗保险分段报销比例都超过了 50%，大病保险在

---

① 李芃：《医保基金“穿底”之问：三年后大病医保谁来埋单？》，《21 世纪经济报道》，2012 年 10 月 9 日，第 30 版。

基本医疗保险的基础上又提高了10个左右的百分点，综合补偿比例都超过了50%。各地对基本医疗保险、大病保险的合并实际支付比例给予明确，对两种保险的分工和任务进行了区分。

（二）推进大病保险全省覆盖（2015—2017年）

2015年，贵州省人民政府办公厅出台文件，要求各地在2015年11月30日前全面实施大病保险，并实行“一站式”即时结报。为加快推进大病保险的建设工作，扩大大病保险覆盖面，贵州省人力资源和社会保障厅专门印发《关于进一步做好城镇（乡）居民基本医疗保险有关工作的通知》（黔人社厅发〔2015〕26号），要求省内各地不得以户籍等原因设置参保障碍，将流动就业人员、进城务工人员和居住在城镇的非本地户籍人员纳入居民基本医疗保险覆盖范围。

2016年9月，中国人寿保险股份有限公司与贵州省内20多家省级医疗机构签订新农合大病保险省内异地即时结算协议，开展省内大病保险“一站式”即时结算工作。2016年11月，贵州省与四川、陕西、甘肃、海南、吉林、辽宁、黑龙江等省份签订了跨省就医联网结报服务协作协议。2015年底，随着遵义市、黔南布依族苗族自治州、黔东南苗族侗族自治州、安顺市大病保险签约，全省大病保险实现9个市州全覆盖。一批国内医疗保险机构，如中国人寿、太平洋寿险、泰康人寿、中国人保、大地保险、天安保险等专业机构通过公开招投标的方式在贵州省内不同市（州）取得了当地城乡居民大病保险的经营权。大病保险的快速推进，在减少重大疾病患者的医疗卫生费用支出、释放医疗卫生服务需求的同时，在减少因病致贫、因病返贫方面也成效卓著。2016年，贵州省因病致贫、因病返贫人口中有5.8万户家庭、13.7万人实现脱贫，脱贫户数和人口数同比增加41.5%和53.9%[①]。进入2017年后，为推进全省扶贫攻坚工作，贵州省提出全面深化“赫章经验”，进一步健全完善基本医疗保险、大病保险、医疗救助、医疗扶助配套衔接的四重医疗保障制度，切实发挥保障合力[②]。

---

① 胡联合、王朝兵、余中明：《健康扶贫：破解因病致贫、返贫难题》，《中国民族》2016年第12期。

② 贵州省人民政府办公厅：《贵州省人民政府办公厅关于印发贵州省进一步完善医疗保障机制助力脱贫攻坚三年行动方案（2017—2019年）等三个方案的通知》（黔府办发〔2017〕38号），2017年9月4日。

从贵州省大病保险建设与发展历程上看，存在着两个十分突出的问题。一是“六个统一”进程相对滞后。2016 年，贵州省出台《贵州省整合城乡居民基本医疗保险制度实施方案》（黔府办发〔2016〕52 号），要求以制度政策整合为切入点，以市（州）级统筹为基础，推动城乡居民基本医疗保险制度实现“六个统一”。其中，新农合完成市（州）级统筹的时间要求是 2018 年 1 月 1 日前。照此算来，贵州省部分市（州）基本医疗保险制度“六个统一”最快也得到 2017 年底才能完成。大病保险是基本医疗保险的续接，基本医疗制度“六个统一”迟迟未能完成，意味着全省大病保险实现“六个统一”的时间节点依旧悬而未决。

二是市（州）统筹行政管理主体未明确。由于行政管理体制未理顺和不同市（州）城乡人口结构上的差异，市（州）政府在大病保险城乡医保统筹工作由人社部门还是卫生计生部门牵头的问题上一直未有定论，也缺乏具体的解决方案。事实上，一些市（州）政府并没有在“六个统一”的实践上下真功夫，而是抓住了《国务院关于整合城乡居民基本医疗保险制度的意见》（国发〔2016〕3 号）文件中“鼓励有条件的地区理顺医保管理体制，统一基本医保行政管理职能”这样一个较为模糊的表述，维持已有的体制惯性和利益格局。市（州）统筹行政管理主体的不明确极大地影响了大病保险制度的建设与发展。以非首批试点的黔东南州为例，由于该州尚未实现“六个统一”，城镇居民大病保险基金池、新农合大病保险基金池相互之间的“贫富差距”十分悬殊。由于基金池总量过小，长年入不敷出，当地州社保局一度有将城镇居民大病保险交由卫生计生部门全盘接手的想法。

二、贵阳市重大疾病保障制度介绍

2013 年大病保险试点工作开始之时，由于全市的城居保、新农合尚未进行制度整合，贵阳市在建立大病保险时按基本医疗保险分人群管理的办法分别建立了覆盖城镇居民、农村居民的大病保险，并交由人社部门、卫生计生部门进行管理，这种管理方式一直沿用到 2015 年底。2015 年末，贵阳市政府下发了《贵阳市城乡居民基本医疗保险实施方案（试行）》，确定于2016年1月1日开始实施全民参保计划，全面实施城乡居民基本医疗保险制度。文件中明确规定贵阳市城乡居民基本医疗保险分为一档（城镇居民）、二档（新农合），贵阳市户籍的城乡居民和持有本市居住证的常住人口可以自由选择参加[①]，以分档统一的方式实现了城乡居民基本医疗保险的整合。随后，贵阳市城镇居民大病医疗保险和贵阳市新农合大病保险也"依葫芦画瓢"搭建起了分档统一的贵阳市城乡居民大病保险制度。制度的主要内容如下。

（一）大病保险的筹资渠道与承办方式

筹资渠道上，全市大病保险基金由政府从城居保、新农合的医保基金中提取资金，向商业保险机构购买大病保险，不需要城乡参保（合）人员另外缴费，筹资的比例按照全省城乡居民大病保险工作实施方案要求的基本医疗基金或累计基金结余中的5%进行安排。承办方式上，采用的是政府购买第三方服务的方式。经过公开招投标，贵阳市城乡居民大病保险业务由中国人寿保险股份有限公司贵阳分公司承办，其承办大病保险获得的保费按照"保本微利"的原则实行单独核算。大病保险的一档（城镇居民）、二档（新农合）的业务管理与指导工作，分别由贵阳市医疗保险费用结算中心、贵阳市新型农村合作医疗管理中心开展。城乡居民基本医疗保险的建设和发展情况上，2017年城乡居民基本医疗保险一档（城镇居民）的参保人数为74.17万人，城乡居民基本医疗保险二档（新农合）人数为185.51万人[②]。基金收入14.71亿元（其中城镇居民医疗保险基金4.46亿元、新农合基金10.25亿元），支出11.55亿元（其中城镇居民医疗保险基金支出2.07亿元、新农合基金支出9.48亿元）[③]。从当年医保基金的收支情况上看，资金

---

① 贵阳市人民政府办公厅：《市人民政府办公厅关于转发市卫生计生委市人力资源社会保障局关于〈贵阳市城乡居民基本医疗保险实施方案（试行）〉的通知》，《贵阳市人民政府公报》2016年第1期。

② 贵阳市统计局、国家统计局贵阳调查队：《2017年贵阳市国民经济和社会发展统计公报》，2018年3月30日，http://www.guiyang.gov.cn/zwgk/zfxxgks/fdzdgknr/tjxx/tjgb/202001/t20200102_40574405.html。

③ 贵阳市财政局：《贵阳市2017年全市和市本级财政预算执行情况与2018年全市和市本级财政预算（草案）报告》，2018年2月6日，http://czj.guiyang.gov.cn/yj/yj1/yj1_1/201910/t20191019_7120365.html。

结余虽然不多，但也足够保障基金运行的安全，总体风险可控。

（二）大病保险的保障范围

参保人患大病发生高额医疗费用，由大病保险对经城乡居民基本医保按规定支付后个人负担的合规医疗费用给予保障。合规医疗费用是指剔除不予支付事项后实际发生的全部医疗费用，不予支付的事项由省级人力资源社会保障、卫生计生部门确定。在实践中，大病保险基金所购买的商业保险的医疗卫生服务范围由政府的人社、卫生计生部门具体制定，不执行商业保险公司重大疾病报销规定。

（三）大病保险的起付标准、计算方法与报销封顶

由于基本医疗保险分为一档（城镇居民）、二档（新农合），贵阳市城乡居民大病医疗保险在两档之间存在着较大的差异（表 6-2）。起付线上，一档（城镇居民）15 001 元的起付线远高于二档（新农合）的 7 001 元。计算方式，上一档（城镇居民）、二档（新农合）的计算方法一致，按照“超额累进，分段计算”的方式计算补偿比例，但是两档在具体的报销比例和扣减金额上有所不同，这种按医疗费用高低分段制定支付比例的方式，原则上医疗费用越高支付比例越高。对于多次发生医疗费用的情况，采用的是分多次理赔的计算方法：本次大病保险报销金额 = 累计应付大病保险报销金额 − 已付大病保险报销金额。报销封顶线方面，一档（城镇居民）的报销封顶线为 120 000 元，二档（新农合）则不设封顶线。另外，二档（新农合）对于精准扶贫对象设定的起付线在原来 7 000 元基础上下降 2 000 元，个人承担合规医疗费用报销比例为 5 000（不含 5 000 元）~60 000 元报销 50%、60001~90 000 元报销 60%、90 000 元以上报销 70%，并不设封顶线[①]。

① 贵阳市人民政府办公厅：《市人民政府办公厅关于转发市卫生计生委市人力资源社会保障局关于〈贵阳市城乡居民基本医疗保险实施方案（试行）〉的通知》，《贵阳市人民政府公报》2016 年第 1 期。

表 6-2　2013 年贵州省大病保险试点地区保障对象、人均筹资、封顶线及分段报销比例

地区	保障对象	人均筹资	封顶线	分段报销比例
贵阳市	城乡参保人员	不低于年度人均筹资总额的 5%	一档（城镇居民）一个自然年度（1 月 1 日至 12 月 31 日）最高报销 12 万元；二档（新农合）不封顶	一档（城镇居民）合规医疗费用为 15 000，>15 000~60 000 元的，赔付 50%；>60 000~90 000 元的，赔付 55%；90 000 元以上部分赔付 60%；一个自然年度（1 月 1 日至 12 月 31 日）最高报销 12 万元。二档（新农合）合规医疗费用为 7 000 元，>7 000~20 000 元，赔付 50%；>20 000~40 000 元，赔付 60%；40 000 元以上，赔付 70%
黔西南州	城乡参保人员	16.5 元	15 万元	5 000~15 000 元 50%；>15 000~25 000 元 55%；>25 000~35 000 元 60%；35 000 元以上 75%
毕节市	城乡参保人员	25 元	无	5 000~10 000 元 54%；>10 000~20 000 元 59%；>20 000~30 000 元 64%；>30 000~40 000 元 69%；>40 000~50 000 元 74%；>50 000~60 000 元 79%；>60 000~70 000 元 84%；70 000 元以上 90%

资料来源：《贵阳市开展城乡居民大病保险工作实施方案（试行）》（市发改社会〔2013〕222 号），2013 年 8 月；《关于印发黔西南州大病医疗保险实施方案（试行）的通知》（州发改社会〔2013〕25 号），2013 年 4 月；《关于印发毕节市开展城乡居民大病保险工作实施意见（试行）》（毕府办通〔2013〕54 号），2013 年 3 月。

（四）报销流程和结算方式

报销流程上有两种方式：一种是医院理赔模式，在开通“一站式”即时结报的定点医疗机构刷卡就医的参保患者办理出院手续时，同时减免统筹支付和大病支付部分，参保患者支付个人自付费用后即可出院；另外一种是网点理赔模式，在未开通“一站式”即时结报的定点医疗机构就医的参保患者，需要采用申请理赔的方式来进行办理，参保患者需要准备大病保险报销所需的相关材料，向中国人寿保险公司贵阳分公司大病保险服务机构或大病保险服务专员提交报销所需的相关材料。中国人寿保险公司对申请材料是否满足补偿条件、是否有调查需求等进行审核，并进行理赔。对于审核无疑问的，经办机构会在理赔资料收集完整之日起 10 个自然日内完成大病保险给付；审核有疑问的，会延长审核时间，原则上最长在理赔资料收集完整之日起 30 个自然日内完成大病保险给付。对批次理赔案件，承办机构会延长给付时限，原则上不超过 10 个工作日。结算方式上，所有赔付资金直接汇入大病保险受益人的银行账户，给付过程为两天。对于异地结算的，参保人员先在当地医院办理诊断证明和转院手续，然后在异地就诊结束以后，带回在异地住院的住院病历复印件、住院发票、住院明细、诊断证明回当地报销。

三、黔西南州重大疾病保障制度介绍

黔西南州虽地处黔滇桂石漠化区和三省区接合部，但在统筹城乡居民医保制度的实践上却是全省的排头兵。2010 年 10 月，黔西南州人民政府办公室印发《州人民政府办公室关于印发〈黔西南州城乡居民基本医疗保险实施办法〉的通知》（州府办发〔2010〕158 号），将州内的新农合、城居保进行整合，建成了城乡居民基本医疗保险制度，统一交由人社部门管理，在省内第一个实现了城乡居民保险业务在管理机构、政策制度方面的统一，实践上走到了全省乃至全国的前列。城乡居民基本医疗保险的发展情况上，全州城乡居民基本医疗保险参保人数

285.68 万人，常住人口参保率 99.89%①。社会保障医疗卫生支出 65.10 亿元，同比增长 29.21%，占民生支出总额的 26.47%②，年末全州共有卫生机构 2 095 个，其中医院 123 个、卫生院 131 个、妇幼保健院（所、站）9 个①。

在城乡居民重大疾病保障的问题上，黔西南州的探索与实践较早。早在 2011 年 7 月，黔西南州就由人社部门牵头在全省率先实施城乡居民医疗保险“二次报销”政策，对参保患者自付合规费用超过 5 000 元的部分，再次给予 50% 的报销，这与后来在全省开展的大病保险政策有一些共通之处。按照《黔西南州深化医药卫生体制改革 2013 年主要工作安排》，2013 年黔西南州开始有序推进实行州级统筹，统一政策、统一组织实施的覆盖城镇职工、城乡居民的统一的大病保险制度的建设工作。现将黔西南州大病保险制度的主要内容简单介绍如下。

（一）大病保险筹资与承办方式

根据黔西南州政府文件规定，大病筹资不需要另行缴费，2013 年从城乡居民基本医疗保险缴费中按人均筹资 16.5 元作为大病医疗保险基金。黔西南州城乡居民大病保险的业务管理由人社部门负责，承办方式上采用政府购买第三方服务的方式进行。通过市场公开招标，中国人寿保险股份有限公司黔西南州分公司成为全州城乡居民大病保险的承办机构。为确保大病保险基金的资金安全，保证偿付能力，大病保险获得的保费实行单独核算。同时，为确保群众方便、及时享受大病医疗保险待遇，黔西南州实行大病保险与城乡居民医保合署办公，采取“一站式”及时结算服务，实行无缝对接，简化保险程序。

（二）大病保险的保障范围

黔西南州大病保险的保障范围与贵阳市相同，都是对个人年度累计负担的合规医疗费用超过大病保险起付标准的给予再次报销，这里不再对其进行详述。

---

① 黔西南州统计局、国家统计局黔西南调查队：《2017 年黔西南州国民经济和社会发展统计公报》，2018 年 5 月 18 日，http://www.qxn.gov.cn/zwgk/tjxx/tjgb/201807/t20180723_10870338.html。

② 黔西南州人民政府：《黔西南州人民政府关于黔西南州 2017 年财政决算情况的报告》，2018 年 9 月 5 日，http://www.qxn.gov.cn/zwgk/zfjg/zczj/bmxxgkml_5135101/zfjsjsgjf_5135113/201809/t20180905_10871704.html。

（三）大病保险起付标准、计算方式与报销封顶

2016年黔西南州大病保险的起付标准被设置为城乡居民参保人在年度内发生的住院和门诊慢性病合规医疗费用经基本医疗保险报销后累计自付超过5 000元的部分（表6-2）。大病报销采用分段累计报销的方式，累计自付5 000元以上至15 000元以内的部分，由大病医疗保险资金支付50%；15 000元以上至25 000元以内的部分，由大病医疗保险资金支付55%；25 000元以上至35 000元以内的部分，由大病医疗保险资金支付60%；35 000元以上的部分，由大病医疗保险资金支付75%。大病保险赔付的计算方式与贵阳市相同，现行的封顶线为150 000元。同时，一些特殊病种如儿童"两病"（白血病、先天性心脏病）、妇女"两癌"（宫颈病、乳腺癌）等个人负担部分超过大病起付标准的，纳入大病医疗保险报销范围。对于建档立卡贫困人口，根据《州人民政府办公室关于切实做好建档立卡贫困人口医疗保障工作的通知》（州府办函〔2017〕181号）文件要求，大病保险报销的"起付线为3 000元，年支付无封顶线，分段报销比例为：3 000~15 000元报销60%；>15 000~25 000元报销65%；>25 000~35 000元，报销比例70%；35 000元以上的报销85%。对在州内二级（含二级）以下医疗机构就医，符合大病保险报销政策的，分段的报销比例再提高10%"。

（四）报销流程和结算方式

黔西南州大病保险参保人在定点医疗机构就医发生的属大病医疗保险支付范围的医疗费用，由大病医疗保险资金支付。承办大病保险的商业保险公司在全州二级以上（含二级）定点医疗机构合署办公，在经办服务上采取"一站式"及时结算服务，实行无缝对接，简化保险程序。对于异地就医的，省外就医需要垫付。"参保人员从异地返回参保地后，需及时到社保经办机构办理取消异地就医备案登记手续，方可在参保地刷卡就医；转诊转院备案有效期为一次，就

医结束后，医保系统自动解除备案。”①

综合黔西南州、贵阳市重大疾病保障制度建设的实践看，两地采用的“一元制模式”“一制两档模式”在保障范围、补偿（报销）计算方式等方面有一定相同之处，差异主要表现在以下几个方面（表 6-3）。一是行政管理主体上，“一元制模式”的行政管理部门为州人社局，基本医保、大病保险交由商业机构统一经办；“一制两档模式”的行政管理主体为市人社局、市卫生计生委两个部门，基本医保由社保管理机构经办、大病保险由商业机构经办。二是卫生筹资上，“一元制模式”的卫生服务筹资的公平性要好于“一制两档模式”，“一制两档模式”的筹资方式能更好地体现卫生筹资的垂直公平性。三是基金调剂上，“一制两档模式”的一档、二档医疗保险基金池是单独运营的，没有纳入一个基金之中且不能进行调剂；“一元制模式”医疗保险的基金管理是统一且互济的。四是保障待遇上，“一制两档模式”设置了两个档次，这两个档次在起付线、起付金额、报销比例上有差异，“一元制模式”中，城镇居民、农村居民并无档次划分，保障待遇完全相同。

表 6-3　贵阳市、黔西南州重大疾病保障制度比较

项目	贵阳市（“一制两档模式”）	黔西南州（“一元制模式”）
行政管理主体	市人社局、卫生计生委②	州人社局
保障对象	两档	统一
资金池	两个	统一
筹资标准	两个标准	统一
“三目录”	统一	统一
报销比例	两个标准	统一
承办方式	政府购买第三方服务	政府购买第三方服务
基本保险与大病保险的管理衔接	分段管理	合署办公

资料来源：作者整理得到。

① 贵州省人力资源和社会保障厅：《贵州省基本医疗保险参保人员跨省异地就医刷卡结算须知》，2017 年 7 月 17 日。

② 因两地建立大病医疗保障制度之时，处于 2018 年机构改革之前，故为叙述方便，本书中，将相关部门简称为卫生计生部门。

第三节　总体样本描述

2016 年，贵阳市城乡居民参保（合）人数为 255.68 万人，黔西南州城乡居民参保（合）人数为 285.68 万人[①]。从两地大病发生率上看，2016 年贵阳市为 0.43%，黔西南州为 0.60%，黔西南州的大病发生率更高一些（表 6-4）[②]。由于重大疾病保障工作是从经济视角展开的，这一发生率与前文中提到的黔西南州执行较低的大病起付线可能有一定的关系。

表 6-4　调研地区 2016 年大病发生率

市（州）	大病报销人数 / 万人	参合（保）人数 / 万人	年末常住人口数 / 万人	发生率 /%
贵阳市	1.11	255.68	469.68	0.43
黔西南州	1.73	285.68	282.99	0.60

资料来源：作者整理得到。

本次问卷调查包含 582 个农村居民和 581 个城镇居民的家庭信息。从统计上看，两个地区调查样本的平均年龄为 46.87 岁，其中，贵阳市约为 47.56 岁，黔西南州约为 46.14 岁。家庭人口规模约为 4.2 人。调查样本中男性人数共计 592 人，约占 50.9%；女性人数共计 571 人，约占 49.1%。在受教育水平上，贵阳市被调查者的平均受教育年限约为 8.31 年，稍稍高于黔西南州的 7.75 年。在被调查家庭平均收入水平上，贵阳市为 63 042.87 元，高于黔西南州平均家庭收入 56 050.97 元的水平（表 6-5）。从调查数据所反映的情况上看，主要数据所描述的社会经济发展水平与两个地区在贵州省的排名分布是一致的。

---

① 数据来源：作者根据地方政府管理文件整理得到。

② 大病报销发生率 =2016 年大病报销人数 / 参保（合）人数 ×100%。

表 6-5　调查样本特征描述性统计分析

变量名称	变量定义	全部样本	贵阳市	黔西南州
年龄	个体年龄 / 岁	46.87 （21.17）	47.56 （22.15）	46.14 （20.22）
性别	0= 男，1= 女	0.50 （0.50）	0.51 （0.50）	0.50 （0.50）
婚姻状况	0= 未婚[a]，1= 已婚	0.83 （0.38）	0.73 （0.45）	0.93 （0.25）
教育状况 / 年	个体受教育年限 / 年	8.04 （4.24）	8.31 （4.52）	7.75 （3.89）
收入水平 / 元	家庭上一年收入	59 639.62 （30 965.78）	63 042.87 （34 988.40）	56 050.97 （25 605.54）
户籍	0= 农业， 1= 非农业	0.50 （0.50）	0.50 （0.50）	0.50 （0.50）
家庭规模	家庭常住人口数 / 人	4.20 （1.43）	4.10 （1.61）	4.31 （1.19 ）
观测值		1 163	600	563

资料来源：根据调研数据整理后得到。

注：本表中报告的是各变量均值，括号内是标准差。

a 此处的未婚包含未婚、离异、丧偶三种情况在内。

表 6-6 是调查样本 2016 年医疗费用的发生情况，整体上看调研地区重大疾病患者人均医疗费用为 43 592.28 元，基本医保的平均补偿（报销）金额为 21 819.11 元，大病保险平均补偿（报销）金额为 6 525.76 元，个人自付为 15 259.27 元。就调研两地的比较上看，贵阳市重大疾病患者的人均医疗费用高于黔西南州，贵阳市的个人自付费用也高于黔西南州。

表 6-6　调研样本 2016 年医疗费用描述性统计分析　　单位：元

变量名称	变量定义	全部样本	贵阳市	黔西南州
医疗费用	重大疾病患者医疗费用	43 592.28 （45 778.87）	59 714.53 （54 797.78）	26 245.28 （23 643.72）
基本医保补偿（报销）	基本医保补偿（报销）	21 819.11 （21 204.54）	28 024.50 （23 359.31）	15 205.91 （16 222.29）
合规自付金额	“二次报销”合规自付	21 785.03 （29 803.98）	31 862.77 （37 736.99）	11 044.99 （9 736.42）
大病保险补偿（报销）	“二次报销”补偿（报销）	6 525.76 （10 126.71）	9 303.36 （12 678.14）	3 565.63 （4 868.50）
个人自付	现金卫生支出	15 259.27 （22 109.30）	22 559.42 （28 387.74）	7 479.36 （5 851.92）
观测值		1 163	600	563

资料来源：根据调研数据计算得到。

注：本表中报告的是各变量均值，括号内是标准差。

贵州省统计局数据显示，2015 年 11 月 1 日至 2016 年 10 月 31 日，贵州省出生率为 13.43‰，死亡率为 6.93‰，自然增长率为 6.5‰，与全国相比，2016 年贵州人口出生率高 0.48 个千分点，死亡率低 0.16 个千分点，自然增长率高 0.64 个千分点[①]。从重大疾病患者疾病种类的比例上看，贵阳市、黔西南州重大疾病患者所患疾病类型最多的为其他，分别为 29.17% 和 35.7%；其次是恶性肿瘤（癌症），分别为 20.5% 和 15.45%；最少的是记忆相关疾病，两地的样本中仅有 1 例患有此类疾病（表 6-7）。分性别看（表 6-8），恶性肿瘤（癌症）的患者数量也仅次于其他，男性为 16.55%、女性为 19.61%。虽然贵州省恶性肿瘤（癌症）发病率长期以来低于全国，但随着老年化进程的加剧，恶性肿瘤（癌症）发病率将不断上升，恶性肿瘤（癌症）已成为贵州面临的最大公共卫生问题之一。

---

① 贵州省统计局：《2016 年贵州常住人口基本情况》，2017 年 5 月 24 日，http://stjj.guizhou.gov.cn/tjsj_35719/tjxx_35728/201705/t20170524_24414633.html。

表 6-7 调查总样本疾病类别一览表

疾病类别	贵阳市		黔西南州	
	频次	占比 /%	频次	占比 /%
恶性肿瘤（癌症）	123	20.50	87	15.45
血脂异常	4	0.67	5	0.89
糖尿病	21	3.50	6	1.07
高血压	31	5.17	11	1.95
肺部疾病	41	6.83	50	8.88
肝脏疾病	16	2.67	11	1.95
心脏病	45	7.50	49	8.70
中风	15	2.50	11	1.95
肾脏疾病	36	6.00	43	7.64
胃部或消化系统疾病	53	8.83	54	9.59
情感及精神问题	10	1.67	9	1.60
记忆相关疾病	1	0.17	0	0
关节炎或风湿	22	3.67	23	4.09
哮喘	7	1.17	3	0.53
其他	175	29.17	201	35.7
观测值	600		563	

资料来源：根据调研数据统计得到。

表 6-8 调查样本疾病种类分性别一览表

疾病类别	男性		女性	
	频次	占比 /%	频次	占比 /%
恶性肿瘤（癌症）	98	16.55	112	19.61
血脂异常	3	0.51	6	1.05
糖尿病	12	2.03	15	2.63
高血压	21	3.55	21	3.68
肺部疾病	59	9.97	32	5.60
肝脏疾病	19	3.21	8	1.40

续表

疾病类别	男性		女性	
	频次	占比 /%	频次	占比 /%
心脏病	53	8.95	41	7.18
中风	13	2.20	13	2.28
肾脏疾病	38	6.42	41	7.18
胃部或消化系统疾病	54	9.12	53	9.28
情感及精神问题	7	1.18	12	2.10
记忆相关疾病	0	0	1	0.18
关节炎或风湿	13	2.20	32	5.60
哮喘	6	1.01	4	0.70
其他	196	33.11	180	31.52
观测值	592		571	

资料来源：根据调研数据统计得到。

第七章　重大疾病保障制度经济绩效与患者就医行为实证分析

在“基本医保＋大病保险”的重大疾病保障制度设计中，重大疾病患者的医疗卫生服务需求首先是通过基本医保补偿（报销）的方式来予以保障的。基本医保补偿（报销）后需个人负担的合规医疗费用，在大病保险中再次进行补偿（报销）。“二次报销”的制度设计提高了重大疾病患者年内合规医疗费用的实际补偿（报销）金额、补偿（报销）比，降低了患者的就医经济成本，较好地满足了患者的医疗卫生服务需求。本章主要通过分析重大疾病患者医疗费用的补偿（报销）效果来实证分析重大疾病保障制度的经济绩效。同时，还将探讨这一制度对患者就医行为的影响，分析可能产生的间接经济绩效及就医行为的其他一些影响因素。

第一节　补偿（报销）效果分析

在很多国家的社会福利制度建设中，医疗保障制度事实上是一种提供补偿性平等的制度。重大疾病保障制度主要借助补偿（报销）的方式利用医保基金在健康风险程度不同、经济收入水平不同的人群间进行财富转移和补偿，并借此达成缩小社会人群间的经济收入差距和促进社会健康公平的目标。我们以医疗保险补偿（报销）金额为重大疾病保障制度经济绩效评价标准的话，其预期福利效果或者说政策目标应当是疾病程度严重的患者在制度中受益多过疾病严重程度低的患者、医疗卫生费用高的患者受益多过医疗卫生费用低的患者、低收入家庭患者受益多过或不少于高收入家庭患者、农村居民受益多过或不少于城镇居民。但是要注意的是，“哈特反比定律”[①] 提示我们普惠性的医疗福利保障制度有时可能会产生不利于促进社会健康公平的政策效果。

接下来，本节将对重大疾病保障制度经济绩效评价主要关注的制度产生了什么样的收入分配效应、医保基金在社会人群中是如何分布的、哪些人群更多地受益、是否提供了足够的财务保护来保障重大疾病患者的医疗卫生服务需求等几个问题进行分析。需要注意的是，参保（合）人员能于重大疾病保障制度中在多大程度上受益虽然主要取决于补偿（报销）制度设计，但预算时约束、受教育程度的高低、健康状况的好坏等个体禀赋因素也会很大程度地影响消费者对医疗卫生服务与产品的消费决策，从而最终产生不同的福利结果。

一、模型设定与变量选择

在实证分析中，我们将重大疾病患者过去一年中发生的医疗费用总补偿（报销）实际金额对数作为被解释变量。另外，设医疗费用总补偿（报销）比对数=log（医保补偿总金额 / 医疗费用）为被解释变量来验证模型的稳健性。为了控制收入、户籍、统筹模式以外的相关因素，设定模型如下：

$$Y=\beta_0+\beta_1R_i+\beta_2TI_i+\beta_3HI_i+\beta_4TI_i\times R_i+\beta_5TI_i\times HI_i+\beta_6HR_i+\beta_7HDS_i+\beta_8CAN_i+\beta_9X_i+\varepsilon\cdots \tag{7.1}$$

解释变量中，R_i 表示重大疾病患者的户籍，用以测量城镇居民、农村居民不同身份患者医疗费用补偿（报销）上的差异；TI_i 表示重大疾病保障制度模式的虚拟变量，包括“一元制模式”“一制两档模式”两种模式；HI_i 表示家庭上一年（2016 年）收入，用以测度不同收入阶层医疗费用补偿（报销）上的差异；$TI_i\times R_i$ 表示统筹方式与户籍的交叉项，用以测度统筹模式对城镇居民、农村居民医疗费用补偿（报销）的影响；$TI_i\times HI_i$ 表示统筹方式与家庭收入的交叉项，用以测度统筹模式对不同收入人群医疗费用补偿（报销）的影响；HR_i 表示医疗机

① 一些普惠性医疗保障制度在执行时经常会出现的一个问题是财政补贴的实际受益群体并非低收入阶层、高健康风险人群等群体，而是高收入阶层更多的从制度中获益。这种福利体制与保健发展存在的根本性困境被称为“哈特反比定律”。

构，用以测度不同级别医疗机构对医疗费用补偿（报销）的影响；HDS_i 表示住院天数，用以测度住院时间长短对医疗费用补偿（报销）的影响；CAN_i 表示疾病类型[①]，用以测度患者所患疾病类型对医疗费用补偿（报销）的影响；X_i 表示个体特征变量向量，主要包括患者的年龄、性别、婚姻状况、受教育程度等个体禀赋。在实证分析中，除了个体特征变量向量以外，我们还加入家庭规模、合规医疗费用、疾病负担费用等其他控制变量。

二、实证分析结果

（一）描述性统计分析

调研地区不同收入阶层重大疾病患者人均医疗费用呈现出“中间低、两头高”的特点（表 7-1）。具体而言，最低收入组的人均医疗费用（46 436.62 元）、最高收入组的人均医疗费用（54 011.57 元）要高于中间收入组的人均医疗费用（37 992.03 元）。分地区看也是如此，贵阳市、黔西南州最低收入组、最高收入组的人均医疗费用要高于中间收入组的。从城乡居民人均医疗费用上看，农村居民的人均医疗费用明显低于城镇居民的。黔西南州农村居民与城镇居民重大疾病患者医疗费用上的差距要远远小于贵阳市。

表 7-1　2016 年调研地区不同收入阶层重大疾病患者人均医疗费用描述性统计分析 单位：元

收入分组	总体样本	贵阳市	黔西南州
最低收入组	46 436.62	61 578.65	27 800.28
次低收入组	39 401.61	53 877.78	29 785.30
中间收入组	37 992.03	54 825.89	24 551.04
次高收入组	40 107.73	57 119.77	23 241.08
最高收入组	54 011.57	67 225.39	25 049.76
农村居民	37 914.38	48 210.07	36 337.68
城镇居民	49 279.95	71 451.53	43 976.12

资料来源：根据调研数据整理后得到。

---

① 本次统计的疾病共有 15 种类型，见表 6-8；在模型回归中，本章将疾病类型划分为两种：1= 恶性肿瘤（癌症）；0= 其他。

在重大疾病保障制度的政策执行情况上，2016 年贵阳市赔付重大疾病患者 11 133 人次（一档 2 307 人，二档 8 826 人），赔付医疗费用合计 380 811 036.24 元（表 7-2）。其中：基本医保补偿（报销）金额 318 180 281.88 元（一档 65 033 920.38 元，二档 253 146 361.5 元）；大病保险补偿（报销）金额 62 630 754.36 元（一档 21 105 200.38 元，二档 41 525 553.98 人），人次均补偿（报销）金额 5 625.69 元（一档人次均赔付 9 148.33 元，二档人次均赔付 4 704.91 元）。总补偿（报销）比上，全市重大疾病患者卫生总费用的综合补偿（报销）比为 62%（一档 56%，二档 64%）。

表 7-2　2016 年贵阳市重大疾病保障制度政策执行情况　　单位：元

档次	区（县）	人次	医疗费用	基本医保补偿（报销）	大病保险补偿（报销）
一档（城镇居民）	南明区	627	40 701 003.67	17 605 791.90	5 488 003.01
	白云区	170	10 681 427.54	4 461 787.17	1 415 444.30
	云岩区	793	55 697 168.25	23 902 300.69	8 095 117.08
	观山湖区	125	8 036 335.96	3 059 377.34	1 138 270.55
	花溪区	262	16 675 912.12	6 799 079.90	2 309 149.38
	乌当区	81	5 354 644.61	2 205 348.11	628 719.33
	息烽县	44	2 568 164.07	1 190 460.33	276 871.20
	开阳县	68	4 704 793.77	2 133 760.26	627 019.18
	修文县	48	2 670 407.99	1 097 522.15	324 892.46
	清镇市	89	6 202 933.27	2 578 492.53	801 713.89
	总计	2 307	153 292 791.30	65 033 920.38	21 105 200.38
二档（农村居民）	南明区	481	25 842 478.38	13 623 322.51	2 570 309.79
	白云区	485	25 469 509.00	13 317 107.25	2 292 930.21
	云岩区	378	21 894 616.34	10 898 213.79	2 447 994.12
	观山湖区	779	37 532 708.47	19 898 502.13	3 405 812.85
	花溪区	936	50 938 092.17	28 057 101.46	4 567 611.41
	乌当区	649	33 368 478.76	18 622 702.52	2 803 907.93

续表

档次	区（县）	人次	医疗费用	基本医保补偿（报销）	大病保险补偿（报销）
二档（农村居民）	息烽县	936	48 562 269.79	27 233 188.00	4 141 118.77
	开阳县	1 525	79 969 928.64	45 511 591.46	7 413 192.77
	修文县	1 132	56 583 138.42	30 164 556.31	5 434 789.79
	清镇市	1 525	79 576 316.71	45 820 076.03	6 447 886.34
	总计	8 826	459 737 536.70	253 146 361.50	41 525 553.98

资料来源：中国人寿保险股份有限公司贵阳分公司健康事业部调研数据。

2016 年，黔西南州赔付重大疾病患者 17 276 人次，赔付医疗费用合计 271 527 112.19 元（表 7-3）。其中：基本医保补偿（报销）金额 223 852 190.32 元，大病保险补偿（报销）金额 47 674 921.87 元，人次均赔付金额 2 759.6 元。总补偿（报销）比上，全州重大疾病患者卫生总费用的综合补偿（报销）比为 65%，综合补偿（报销）比高于贵阳市。

表 7-3　2016 年黔西南州重大疾病保障制度政策执行情况　　单位：元

市（县、区）	人次	医疗费用	基本医保补偿（报销）	大病保险补偿（报销）
安龙	259	6 719 167.22	3 699 096.39	791 936.20
册亨	79	1 969 683.71	1 085 797.70	200 087.35
普安	2 556	59 710 341.53	31 438 456.78	6 505 948.82
晴隆	1 606	43 384 108.14	22 572 262.86	5 472 500.98
望谟	43	1 613 585.51	926 906.90	182 068.73
兴仁	3 115	72 572 054.53	40 623 107.35	8 146 261.22
兴义	5 296	130 875 887.17	69 656 844.74	14 836 025.63
义龙新区	1 835	48 689 026.06	25 088 357.46	5 430 395.16
贞丰	2 487	51 578 927.99	28 761 360.14	6 109 697.78
合计	17 276	417 112 781.86	223 852 190.32	47 674 921.87

资料来源：中国人寿保险股份有限公司黔西南分公司健康事业部调研数据。

（二）计量分析结果

医疗费用补偿（报销）模型 OLS（ordinary least squares，普通最小二乘法）采用稳健标准误，结果见表 7-4。从回归结果上看，在两个模型中，年龄与医疗保险补偿（报销）金额呈显著正相关，表明较年长的重大疾病患者医疗保险补偿（报销）金额更高，这或许与较年长患者会更频繁地使用和接受医疗卫生服务有一定的关系。在以往的研究中，国内外关于年龄对医疗卫生服务需求的影响的研究表明，随着年龄的增长和患病概率的提高，人们会越来越频繁地使用医疗卫生产品和服务，这会显著增加年长患者的医疗费用现金卫生支出和家庭经济负担[①②③④]。老年人是医疗消费的主体，他们的医疗消费具有增长速度快、消费规模大、有效需求严重不足等特点[⑤]。在补偿（报销）模型中，年龄通过了 5% 的显著性水平检验，这再次向我们证实了这一点。

表 7-4　医疗费用补偿（报销）模型回归结果

变量	补偿（报销）模型		补偿（报销）比模型	
	系数	稳健标准误	系数	稳健标准误
年龄 / 岁	0.001 3**	0.000 6	0.000 9***	0.000 3
性别（1= 男；0= 女）	−0.011 3	0.028 4	0.002 4	0.012 6
婚姻状况（1= 结婚；0= 未婚）	−0.035 6	0.033 0	−0.025 9*	0.015 4

① Cameron A. Colin, Pravin K. Trivedi, Frank Milne, et al., "A Microeconometric Model of the Demand for Health Care and Health Insurance in Australia," *The Review of Economic Studies* 55, no.1 (January 1988):85-106.

② Winfried Pohlmeier, Volker Ulrich, "An Econometric Model of the Two-Part Decisionmaking Process in the Demand for Health Care," *Journal of Human Resources* 30, no.2(May 1995):339-361.

③ Dongfu Qian, Raymond W. Pong, Aitian Yin, et al., "Determinants of Health Care Demand in Poor, Rural China: The Case of Gansu Province," *Health Policy and Planning* 24, no.5 (May 2009): 324-334.

④ Bijan J. Borah, "A Mixed Logit Model of Health Care Provider Choice: Analysis of Nss Data for Rural India," *Health Economics* 15,no.9 (August 2006): 915-932.

⑤ 宋宝安、刘雪：《城市老年人健康需求与医疗消费的社会学研究》，《中共福建省委党校学报》2007 年第 10 期。

续表

变量	补偿（报销）模型		补偿（报销）比模型	
	系数	稳健标准误	系数	稳健标准误
受教育年限 / 年	−0.002 3	−0.002 3	−0.001 2	0.001 5
家庭规模（家庭常住人口数）	0.019 6	0.012 7	0.013 4**	0.005 8
上一年家庭收入对数	−0.167 4***	0.039 6	−0.094 0***	0.019 2
户籍（1= 农村居民；0= 城镇居民）	0.169 8***	0.038 5	0.086 0***	0.017 7
市（地）级医院（基组 = 省级医院）	0.081 1***	0.028 5	0.018 7	0.013 3
县级医院（基组 = 省级医院）	0.103 9**	0.049 3	0.040 3*	0.023 3
其他医院（基组 = 省级医院）	0.396 9**	0.169 3	0.105 2	0.067 8
住院天数 / 天	0.005 7***	0.001 0	0.001 6***	0.000 2
疾病类型 [1= 恶性肿瘤（癌症）；0= 其他]	0.313 1***	0.041 5	0.115 4***	0.015 6
疾病负担（全自费 / 家庭收入）	−0.076 1***	0.017 3	−0.050 1***	0.009 5
合规医疗费用对数	0.983 5***	0.035 2	0.075 4***	0.015 0
统筹模式（1=“一元制模式”；0=“一制两档模式”）	0.324 0***	0.073 5	0.196 3***	0.033 2
统筹模式 * 户籍	−0.151 6***	0.058 7	−0.092 3***	0.026 2
统筹模式 * 上一年家庭收入对数	0.000 0	0.000 0	0.000 0	0.000 0
常数项	1.765 3***	0.421 9	−0.394 0**	0.198 8
观测值	1 163		1 163	

续表

变量	补偿（报销）模型		补偿（报销）比模型	
	系数	稳健标准误	系数	稳健标准误
F检验	192.08		23.42	
调整R平方	0.77		0.22	

注：*、**、*** 分别代表 10%、5% 和 1% 的显著性水平。

医疗费用补偿（报销）比模型中，年龄通过了 1% 的显著性水平检验，说明较为年长患者医疗费用补偿（报销）比要高于较年轻的患者。对于这一现象，我们可以从老年人的就医行为模式中找到一些合理的解释。“久病成医”的年长患者，通常更加了解自己的病情和基本治疗手段，对一些基本药物的疗效和本地区制定的医疗卫生报销政策、报销范围更为了解。因此，在决策使用哪些医疗卫生产品和服务时，他们会更多地选择“三目录”范围里价格低但疗效显著的医疗卫生产品和服务。这种就医行为特点使得较年长重大疾病患者能够更多地从医疗保险补偿（报销）中受益。同时，一般而言，较年轻的患者更容易接受和使用医疗卫生机构推荐的治疗新方法、新手段。但由于很多治疗新方法、新手段的产品的价格普遍较高，并不在“保基本”的“三目录”支付范围内，不能得到医疗保险补偿（报销），这有可能会使得较年轻患者的医疗费用补偿（报销）比低于较为年长患者的。

在医疗机构变量的回归系数上，医疗费用补偿（报销）模型中市（地）级医院、县级医院、其他医院都通过了显著性水平检验，表明在低级别医疗机构就诊的重大疾病患者的医疗保险补偿（报销）金额高于作为基组的省级医院的。这一结果，与现行医疗保险制度中对基层医疗机构设置了较高的医疗费用补偿（报销）比例有一定的关系。为合理分流患者和减轻“大医院”就诊压力，各地在患者住院合规医疗费用补偿（报销）比设置上，通常都是省级医疗机构最少、地市级医疗机构次之、县级医疗机构和乡镇卫生院最高。例如在此次调研地区之一的黔西南州，当地医保报销政策规定在乡镇卫生院、一级医院、二级医院、三级医院就诊的患者，其住院合规医疗卫生费用补偿（报销）比分别为90%、90%、80%、70%，补偿（报销）比随着医院级别的升高而减小。同时，为鼓励更多患者选择在本地医疗机构就医，黔西南州将在外地非协议公立医院就医患者的报销比例设置为55%。这种制度安排使得那些选择在本地低级别医疗机构接受医疗卫生服务的患者得到了更高水平的医疗费用补偿（报销）。

医疗费用补偿（报销）比模型中，县级医院通过了10%的显著性水平检验，表明在县级医院就诊的重大疾病患者的医疗费用补偿（报销）比要高于省级医院的；市（地）级医院、其他医院的回归系数不显著，说明在这些医疗机构就诊的重大疾病患者的医疗费用补偿（报销）比与省级医院的区别不大。此次调研中，市（地）级医院大多为三级医院（三级专科、三级综合），作为其他医疗机构的民营医院在医疗保险补偿（报销）比的设置上甚至低于省级医院，这也就解释了为什么市（地）级医院、其他医院的回归系数在医疗费用补偿（报销）比模型中不显著了。

两个模型中，住院天数变量都通过了1%的显著性水平检验。这表明较之住院天数少的患者，住院天数多的患者在医疗保险补偿（报销）中受益更多，住院天数多的患者医疗保险补偿（报销）比更高。在大多数情况下，住院天数的多少与患者的病情严重程度、最终治疗费用多少有一定的关联。危急重症患者治疗难度大，往往需要长时间的入院治疗或是反复入院治疗才能治愈疾病。有时，还需要护士专门看护才能保证最终的治疗效果。以往的一些研究结论认为，住院天数延长会带来医院运行效率不高的问题，但住院天数多的重大疾病患者在医疗保险补偿（报销）中受益更多，应当是一个可以接受的结果。

两个模型中，疾病类型都通过了1%的显著性水平检验。回归结果表明，作为当前各类疾病中治疗和康复的经济成本、时间成本最高的疾病之一的恶性肿瘤（癌症），无论是从医疗费用补偿（报销）实际金额还是医疗费用补偿（报销）比上看都高于其他疾病，其患者群体在医疗保险补偿（报销）中受益更多，得到了更多经济、财务上的保护。同时，这也提示我们对恶性肿瘤（癌症）患者的补偿（报销）在当前和未来的很长一段时间内，会是重大疾病保障制度中的主要支出病种。

合规医疗费用是重大疾病保障制度中的一项非常重要的制度设计，是“二次报销”的计算基数和门槛。一般而言，合规医疗费用通常指的是被纳入大病保险报销范围内的实际发生的、合理的年内医疗费用。对于合规医疗费用的界定，本次调研的两个地区采用的都是全省统一制定的“三目录”。两个模型中，合规医疗费用对数都通过了1%的显著性水平检验，表明患者年内合规医疗费用金额越高，补偿（报销）金额会越高，补偿（报销）比也会更高，这一情况符合重大疾病保障制度设计的初衷。

两个模型中，疾病负担都通过了1%的显著性水平检验。这一结果说明，疾病负担较大的患者家庭的医疗费用补偿（报销）金额、医疗费用补偿（报销）比更高，在重大疾病保障制度中受益更多，得到了更好的经济保护。对于这一结果，我们可以从调研地区针对特殊困难家庭、特殊病种人群制定的一些医疗扶贫、医疗救助政策中找到一些合理的解释。在调研地区中，地方政府针对特困供养人员、20世纪60年代初精减退职老职工、家庭经济困难的精神障碍患者、肇事肇祸的精神障碍患者、城乡居民最低生活保障对象、精准扶贫建档立卡贫困人口中的重大疾病患者等特殊人群制定并实施了降低起付线、零起付和全报销等医疗扶贫和医疗救助政策[①]。这些政策有利于对特殊人群进行“托底”性政策安排，使得特殊患者和特别困难家庭就医时得到更多的医疗保险补偿（报销），也更大限度地降低他们的现金卫生支出，减轻了其家庭经济负担。

接下来，我们将对本研究最关注的几个变量进行分析。

（1）居民户籍虚拟变量。两个模型中，户籍虚拟变量都通过了显著性水平检验且效应为正。医疗费用补偿（报销）模型中，户籍虚拟变量回归系数通过了

---

① 贵州省人民政府办公厅：《省人民政府办公厅关于印发贵州省提高农村贫困人口医疗救助保障水平促进精准扶贫试点工作方案及实施细则的通知》，《贵州省人民政府公报》2015年第10期。

1% 的显著性水平检验，表明农村居民医疗费用补偿（报销）金额比城镇居民高，调研地区的重大疾病保障制度对农村居民更有利，可能存在着“城助农”的现象。从整体上看，一般而言，城乡间经济收入水平的差距使得城镇居民使用医疗卫生产品和服务的数量往往会多过农村居民。较之城镇居民，价格弹性高的农村居民更加偏好选择那些现金卫生支出少或医疗费用补偿（报销）比高的医疗卫生服务项目。这种消费习惯会显著减少农村居民消费医疗卫生服务的数量并降低其现金卫生支出。因此，有些地方政府在设计大病保险制度时会有意识地结合城乡居民上一年收入方面的实际情况，设置较为合理的大病保险起付线，让医疗费用支出相对较少的农村居民更多地在大病保险制度中受益，同时也引导农村居民更多地使用医疗卫生服务，改善并提升其健康水平。医疗费用补偿（报销）比模型中，户籍虚拟变量也通过了 1% 的显著性水平检验，表明农村居民的医疗费用补偿（报销）比高于城镇居民的，这充分说明调研地区的大病保障制度对农村居民更为有利，农村居民比城镇居民得到了更多的补偿（报销）金额和经济保护，存在着事实上的“城助农”现象。

（2）统筹模式变量。两个模型中，统筹模式变量都通过了 1% 的显著性水平检验且效应为正。回归结果表明，“一元制模式”中的重大疾病患者医疗费用实际补偿（报销）金额、医疗费用补偿（报销）比要高于“一制两档模式”中的。医疗费用补偿（报销）模型中，统筹模式的虚拟变量显著正相关，表明“一元制模式”中患者的医疗费用补偿（报销）金额要高过“一制两档模式”中的。医疗费用补偿（报销）比模型中，统筹模式的虚拟变量显著正相关，表明“一元制模式”中患者的医疗费用补偿（报销）比更高。对于这一结果，我们可以从调研地区两种不同统筹模式的重大疾病保障制度在“二次报销”起付线、分段累计标准和报销封顶线设置上找到合理的解释。

（3）上一年家庭收入变量。上一年家庭收入对数在两个模型中都通过了 1% 的显著性水平检验。医疗费用补偿（报销）模型中，家庭收入显著负相关表明低收入家庭的患者得到了更多的医疗费用补偿（报销）。医疗费用补偿（报销）比模型中，家庭收入效应显著负相关表明低收入家庭患者的医疗费用补偿（报销）比更高。这一结果充分表明在调研地区的重大疾病保障制度中，低收入家庭得到了更好的经济保护，存在着“富帮穷”的现象。一般而言，家庭经济状况的好坏会显著影响患者的就医行为模式，这其中就包括对就医机构和医疗卫生服务项目的选择。为确保能够得到更好的治疗效果，经济状况较好的高收入家庭的患者往往会选择到医疗水平较高的大型综合性医院和专科医院就医，也会更乐于接受一些价格相对昂贵但治疗效果好、治愈快的医疗卫生服务项目。与之相反，低收入家庭的患者往往会选择那些医疗费用补偿（报销）金额多、现金卫生支出少的医疗卫生机构和医疗卫生服务项目。因此，上一年家庭收入对数在两个模型中都呈显著负相关的事实还存在着一种可能的解释，即高收入家庭的患者更多地选择在高级别医疗机构接受医疗卫生服务的同时，更多地使用了不在“三目录”补偿（报销）范围内的自费项目，因此出现了医疗费用高但补偿（报销）比低的现象。

（4）统筹模式的虚拟变量和户籍的交叉项。两个模型中，统筹模式的虚拟变量和户籍的交叉项都通过了1%的显著性水平检验且效应为负。这一结果表明，“一元制模式”统筹模式中农村居民的医疗费用补偿（报销）金额要低于城镇居民的，补偿（报销）比也低于城镇居民的。城镇居民和农村居民的就医行为特点以及就医的便利性等使得城镇居民更多地使用了医疗卫生服务，并得到了更多的医疗费用补偿（报销）金额和更高的补偿比。

（5）统筹模式虚拟变量和上一年家庭收入对数的交叉项。两个模型中，统筹模式虚拟变量和上一年家庭收入对数的交叉项不具有统计显著性。这说明在“一元制模式”下，收入上的差异对于医疗费用补偿（报销）金额、医疗费用补偿（报销）比没有实际的影响。

另外，性别、受教育年限等控制变量在两个模型中都不显著。这说明在本次调研的地区和人群中，这些因素对于重大疾病患者医疗费用补偿（报销）金额、医疗费用补偿（报销）比的高低没有显著影响。家庭规模控制变量在医疗费用补偿（报销）模型中的统计不显著，但是在医疗费用补偿（报销）比模型中通过了

5% 的显著性水平检验且效应为正。这一结果说明家庭规模的大小，会在一定程度上影响患者医疗费用补偿（报销）比。家庭常住人口和劳动力多的家庭，经济状况往往会好于家庭常住人口少和劳动力少的家庭。在大家庭的保护下，患者会有更多的经济来源来支撑其所需的医疗卫生服务，因此有可能出现医疗费用补偿（报销）比更高的现象。

第二节　就医行为分析

在经济学中，由亚当·斯密（Adam Smith）提出的理性人假设（hypothesis of economic man）是最基本的前提假设。在这一抽象出来的人性特征假设中，每一个理性人都具备有关其所处环境的所有知识，具有清晰的个人偏好，能够准确计算每种可能的选择所带来的后果，并能在所有方案中选择出收益最大的一种。这意味着每一个从事经济活动的人所采取的经济行为都是力图以自己最小的经济代价去获得最大的经济利益的。自理性人假设被提出来的那一刻起，其就不断受到不同流派的经济学家的尖锐批评。虽然理性人假设将人当作“经济动物”的看法是存在很大偏误和缺陷的，但这一理论在认识经济规律、提出合理经济政策建议方面一直是重要的理论指导和工具。

罹患重大疾病之后，作为理性人的患者及其家人会对达成健康这一目标的各种可行方案的成本和收益进行评估，并做出利益最大化的选择。在就医机构的选择上，以往的研究认为经济收入、医疗保险、教育水平、就医便利性等因素会影响患者的就医行为。理论上而言，重大疾病保障制度对不同级别医疗机构保险补偿（报销）比的逆向比例设置，能够引导并分流轻重缓急、不同症状的患者到不同等级的医疗卫生机构中接受医疗卫生服务，促进医疗卫生资源更为合理的分配。但一个无法忽视的问题是在医疗保险补偿（报销）比不断提高、不同级别医疗机构补偿（报销）比没有适当拉开和分级诊疗体系尚未健全的情况下，一个有可能的结果是患者更多地涌入三级医院接受治疗以求得更好的治疗效果，而不是选择在基层医院进行治疗。这一现象与医疗保险逆向补偿（报销）制度和引导群众基层就医，实现“小病不出乡，大病不出县”的目标产生了一定的冲突；同时，也限制了医疗保障制度在降低看护成本、减少家庭间接卫生支出等方面发挥应有的作用。另外，由于不同统筹模式在医疗机构起付线、分段起付报销比例、封顶线设置上存在着差异，统筹模式因素很可能会对不同地区患者医疗卫生服务利用的分流效果产生影响。从提出重大疾病保障制度绩效改进的政策建议视角上来说，对重大疾病患者就医行为及其影响因素进行分析是十分有必要的。

一、模型设定与变量选择

本节将用有序 Probit 模型对重大疾病患者就医行为进行回归，考察相关变量的影响，并使用最大似然估计对参数值进行估计。被解释变量重大疾病患者的就医机构采用 3 个尺度（1，2，3）[①]，分别代表省级医院、市（地）级医院、县级医院。解释变量中，R_i、TI_i、CAN_i 等变量的释义与上一节相同，特征向量包括了年龄、受教育程度、家庭规模、婚姻状况。与医疗费用补偿（报销）模型中代表受教育程度的受教育年限不同，就医机构选择模型中的是一个虚拟变量，而若受教育水平为大学（含大专）及以上取值为 1，中学（含高中、中专）及以下取值为 0。在新加入的变量中，表示政策认知的是一个虚拟变量，若受访人员了解重大疾病保障政策取值为 1，否则取值为 0；表示就医机构距离的是一个分类变量，就医机构距离在 30 千米（含 30 千米）以下取值为 1，30~300 千米（含 300 千米）取值为 2，300 千米以上取值为 3。使用最大似然估计法对方程进行参数估计。

在就医机构选择模型中，虽然有序 Probit 模型设变量是不可观测的，但能够区别值的大小所属的区间。可以根据某种已知分布，将与所处区间的概率相关联，然后利用各个区间的样本概率，通过最大似然估计获得对参数和的估计。对

① 问卷中大病患者就医的医疗机构的级别分别为省级医院、市（地）级医院、县级医院和其他医疗机构，由于只有 9 名患者选择了到其他医疗机构就医，因此回归时将 9 名患者的数据进行了剔除。

就医行为的调查结果是以分类数据为主，为离散数据，而采用概率模型分析离散选择问题是这一类问题的理想估计方法。利用有序 Probit 模型处理多类别离散数据是应用较广的一种方法，有序 Probit 模型是受限因变量模型（limited dependent variable model），它是通过建立模型用可观测的有序反映数据来研究不可观测的潜变量变化规律的方法，其数学表达式可以参见 Jayachandran 等人对模型的介绍[①]。

二、实证分析结果

（一）描述性统计分析

从重大疾病患者就医机构的选择上看，到市（地）级医院（含综合及专科医院）接受医疗卫生服务的患者最多，共有 522 人，占比为 44.884%；其次是到省级医院（含综合及专科医院）治疗的，有 448 人，占比 38.521%；再次是到县（区）级医院治疗的，有 184 人，占比为 15.821%；就医人数最少的是其他医疗机构，仅有 9 人，占比为 0.774%（表 7-5）。在整理医疗机构名称和查询医疗机构级别时，笔者注意到所调研患者接受治疗的省级医院（含综合及专科医院）和市（地）级医院（含综合及专科医院）都是三级医院。这表明为了能够得到更好的医疗卫生服务和治疗效果，重大疾病患者倾向于选择公办的“大医院”，大病医疗费用补偿（报销）更多发生在三级医院。

表 7-5　2016 年调研地区重大疾病患者就医机构分布情况

医疗机构类型	频次	占比 /%	累计占比 /%
省级医院（含综合及专科医院）	448	38.521	38.521
市（地）级医院（含综合及专科医院）	522	44.884	83.405
县（区）级医院	184	15.821	99.226
其他医疗机构	9	0.774	100

资料来源：根据调研数据计算得到。

① Jayachandran N. Variyam, James Blaylock, David Smallwood, “A Probit Latent Variable Model of Nutrition Information and Dietary Fiber Intake,” *American Journal of Agricultural Economics* 78, no.3 (August 1996):628-639.

分地区看重大疾病患者对就医机构的选择如图 7-1 所示。贵阳市选择到省级医院就医的患者人数为 235 人，占比 39.17%；选择到市（地）级医院就医的患者人数为 355 人，占比 59.17%；选择到县（区）级医院就医的患者人数为 1 人，占比 0.17%；选择到其他医疗机构就医的患者人数为 9 人，占比 1.50%。黔西南州选择到省级医院就医的患者人数为 213 人，占比 37.83%，选择到市（地）级医院就医的患者人数占比 29.66%，选择到县（区）级医院就医的患者人数占比 32.50%。

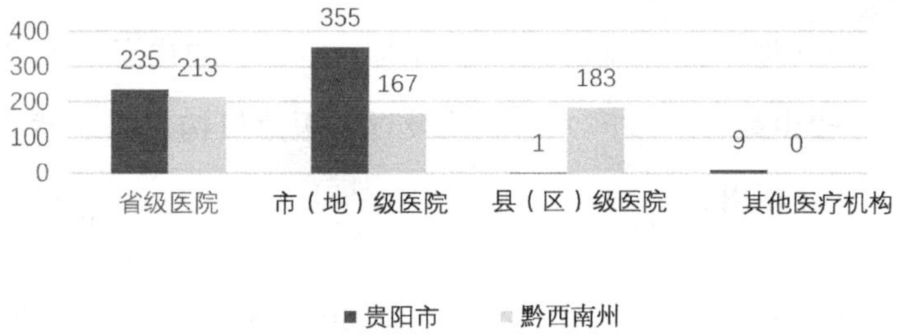

图 7-1　分地区重大疾病患者就医机构情况（单位：人）

重大疾病保障制度是从经济视角而非疾病类型视角进行界定的，逆向的报销比例制度设计主要是为了引导非危急重症患者到三级医院之外的医疗机构就诊和治疗，从而达到提升医疗卫生资源利用效率和改善整个社会健康水平的效果。从就医机构选择结果上看，相当一部分患者选择到省级医院就医治疗是一个可以预见的合理结果。但在市（地）级医院和县（区）级医院的就医选择上，贵阳市重大疾病患者选择到县（区）级医院就医的人数相对较少，这使得这一级别医疗机构的医疗卫生服务资源没有被充分调动和利用起来。黔西南州重大疾病患者选择在县（区）级医疗机构就医的比例远远高于贵阳市，这显然更符合高效使用各级医疗卫生服务资源，以满足不同患者需求，实现“大病不出县”的公共政策目标与愿景。

受访人群[①] 日常就医医疗机构选择如图 7-2 所示。贵阳市选择在省级、市

① 贵阳市样本量 591 人、黔西南州 563 人。

（地）级医院就医的人数占比 74.95%，其中选择在省级医院就医的人数占比达到 50.42%，选择在市（地）级医院的人数占比达 24.53%；选择在县（区）级医院及以下医疗机构（社区卫生服务中心、村诊所 / 私人诊所，本节下同）就医的人数占比达 23.86%；选择在其他医疗机构就医的比例为 1.18%，整体呈现出一个倒三角的结构。贵阳市是贵州省省会城市，三级医院数量多。2016 年末，贵阳市全市拥有卫生机构 3 165 个，其中医院 182 个，乡镇卫生院 76 个，社区卫生服务中心 54 个，村卫生室 1 352 个，疾病预防控制中心 13 个[①]。全市三级医院 15 所，二级医院 19 所。在医疗卫生服务资源相对充足的条件下，城乡居民更多选择在省级、市（地）级医院就医合乎常理。但过多的患者涌入省级医院、市（地）级医院，较少前往县（区）级医院及以下医疗机构就医显然不利于医疗卫生资源合理、有效利用。

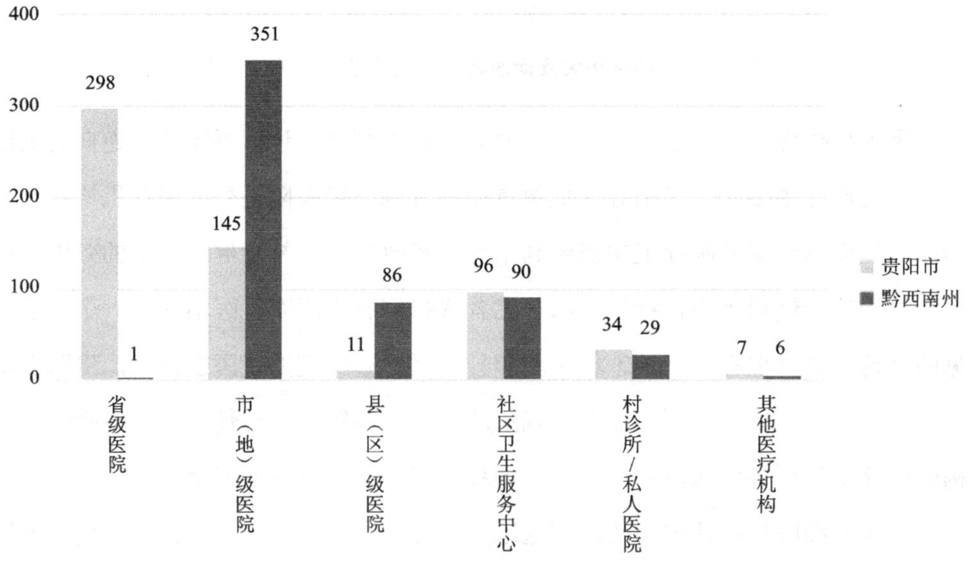

图 7-2 贵阳市、黔西南州受访人群日常就医医疗机构选择（单位：人）

资料来源：根据调研数据整理得到。

① 贵阳市统计局、国家统计局贵阳调查队：《2016 年贵阳市国民经济和社会发展统计公报》，2017 年 4 月 14 日，http://www.guiyang.gov.cn/zwgk/zfxxgks/fdzdgknr/tjxx/tjgb/202001/t20200102_40574468.html。

较之省会城市贵阳，黔西南州医疗卫生服务资源相对不足。被调查人员选择在省级医院就医的人数占比仅为0.18%，选择在市（地）级医院就医的人数占比达62.34%，市（地）级医院成为当地城乡居民就医的首选项；选择在县（区）级医院及以下医疗机构就医的人数占比为36.41%；选择在其他医疗机构就医的比例为1.07%。医疗卫生机构的数量上，2016年末，黔西南州全州共有卫生机构1 989个，其中医院106个、卫生院132个、妇幼保健院（所、站）9个[①]，卫生机构床位数13 539张。三级甲等医院只有1所，二级医院4所[②]。从患者对就医医疗机构的选择上看，黔西南州与贵阳市一样也存在基层医疗机构利用率低的问题。但是从占比上看，黔西南州城乡居民选择到县（区）级医院就医的比例要高于到市级医院的。

从就医的便利性上看，黔西南州重大疾病患者去往省级三级医院就医存在“看病远”的问题，需要花费4个小时的时间到临近的云南省昆明市（距离约284千米）或者贵阳市（距离约303千米）就医。贵阳市的患者只需30~45分钟就能找到合适的省级三级医院就诊，这种在就医便利性上的极大差异影响了两地重大疾病患者对就医医疗机构的选择。在日常就医的便利性上，两地差别不大，患者大约耗时10~30分钟即可到达基层医疗卫生机构。

（二）计量分析结果

下面对影响患者选择就医机构的因素进行有序Probit模型估计。回归结果显示，年龄、统筹模式、性别、受教育程度、政策认知、医疗机构距离会对重大疾病患者对就医机构的选择产生影响（表7-6）。

表7-6　就医行为有序Probit模型回归结果

变量	系数	标准差	Z值
年龄/岁	0.007 8***	0.001 9	4.24

① 黔西南州人民政府：《2018年黔西南州人民政府工作报告》，2018年1月3日。

② 数据来源：作者依据医疗机构管理部门相关文件整理得到。

续表

变量	系数	标准差	Z 值
统筹模式（1=“一元制模式”；0=“一制两档模式”）	1.299 6***	0.091 0	14.29
性别（1= 男；0= 女）	0.253 8***	0.073 1	3.47
婚姻状况（1= 已婚；0= 未婚）	−0.165 0	0.100 4	−1.64
中学及以下	0.019 6	0.077 7	0.25
大学及以上	0.253 7**	0.128 4	1.98
户籍（1= 农村；0= 城镇）	0.048 1	0.076 7	0.63
家庭规模 / 人	−0.020 3	0.026 2	−0.77
政策认知（1= 了解；0= 不了解）	−0.146 8*	0.083 2	−1.76
疾病类型［1= 恶性肿瘤（癌症）；0= 其他］	0.016 8	0.097 1	0.17
医疗机构距离（30~300 千米）	−1.934 5***	0.145 9	−13.26
医疗机构距离（300 千米以上）	−2.494 9***	0.163 5	−15.26
伪 R^2	0.23		
卡方统计量	540.82		
观测值	1 152		

注：*、**、*** 分别代表 10%、5%、1% 的显著性水平。

统筹模式变量通过了 1% 的显著性水平检验且效应为正，说明采用“一元制模式”的地区的重大疾病患者更多地选择了在较低级别的医疗机构接受治疗。重大疾病保障制度对重大疾病的界定是从医疗费用金额的视角进行的，更多人选择在低级别医疗机构而不是省级医疗机构就医，更有利于医疗卫生资源的合理分配。这一情况也说明“一元制模式”制度中关于补偿（报销）政策的差异设置让很多病情不是特别严重的患者选择在低级别医疗卫生机构就医，这样既可以提高患者医疗费用的综合补偿（报销）比、减少现金卫生支出，也更方便家人照顾和看护。

年龄变量通过了 1% 的显著性水平检验且效应为正，说明年龄对患者选择是否在低级别医疗机构接受医疗卫生服务有正向的影响。较年长患者通常行动不便，但对自己的病情也更为了解。在病情不是特别严重的情况下，他们会更多地接受、使用低级别医疗卫生机构的医疗卫生服务。即便在病情特别严重的情况下，基于急救的考虑，能够就近就医的低级别医疗机构也会是上了年纪的患者的优先选项。同时，低级别医疗机构的就医可及性好于高级别医疗机构，接受医疗卫生服务所花费的时间成本少。就近就医有利于上了年纪的患者术后康复，也更有利于老年慢性病人的日常健康管理和保健。与老年人群的就医选择相反，在生活中我们经常看到较年轻的患者会更多地选择在高级别的医疗机构接受治疗，这其中尤以未成年人患者最为常见。很多的年轻家长会不远千里带着未成年人到本省、外省的知名大医院就诊和四处求医。

性别变量通过了 1% 的显著性水平检验且效应为正，说明性别对患者选择是否在低级别医疗机构进行治疗有一定的影响，这与男女两性就医行为模式上的差异有一定的关系。

在受教育程度的影响方面，大学及以上变量通过了 5% 的显著性水平检验且效应为正，说明学历较高的患者更多地选择在低级别的医疗机构就诊。这或许与受过大学教育的患者对自身疾病的严重程度和轻重缓急把握更准确，在接受医疗卫生服务时对时间成本、经济成本的考虑更务实有一定的关系。

政策认知变量通过了 10% 的显著性水平检验且效应为负，说明政策认知对患者就医机构的选择有一定的影响。了解政策的患者，倾向于在高级别医疗机构接受医疗卫生服务，而不是低级别医疗机构。这一情况表明，当前重大疾病保障制度的政策设计与宣传可能存在着一定的不足。群众“用脚投票”的结果与“三医联动”改革分级诊疗、双向转诊的政策性目标存在一定的不协调，不利于医疗卫生资源的高效合理配置与利用。在走访调研中笔者发现，一些在低级别医疗机构就医的患者知道自己得到了补偿（报销），但并不知道已经得到了大病保险的“二次报销”。

在已有的研究患者就医行为的相关文献中，就医便利性是一个非常重要的影响因素。“住户离基层卫生组织的距离”是世界卫生组织提出的卫生服务可及性指标，表示居民去第一级医疗卫生机构的方便程度。通常来说，患者更倾向于就近进行治疗，因为这样能够减少就医时所花费的经济成本和时间成本。医疗机构距离（30~300千米）、医疗机构距离（300千米以上）两个变量都通过了1%的显著性水平检验且效应为负，说明医疗机构的远近对患者就医选择有影响。就医距离和所花费的时间成本会在一定程度上影响患者对医疗机构的选择。就基本生活经验而言，通常在外地、省外医疗机构接受医疗卫生服务都会产生较高的间接卫生费用。

以往的一些研究结果显示，婚姻、疾病类型对患者选择医疗机构有影响，但是从此次调研数据回归的结果上看，它们对重大疾病患者的影响并不显著。

第三节　结论与启示

一、关于医疗费用补偿

医疗费用补偿（报销）模型的回归结果表明，重大疾病保障制度在补偿（报销）效果上存在着“少帮老”“富帮穷”“城助农”的事实。一些针对特殊人群实施的政策性扶持，让低收入人群、重疾人群“敢治病、愿治病”。首先，从卫生需求的视角来说，重大疾病保障制度较好地保障了农村居民、高健康风险人群、年长人群、低收入人群中的重大疾病患者的基本医疗卫生服务需求；其次，从补偿（报销）比上看，调研地区患者医疗费用的综合补偿（报销）比或政策补偿（报销）比已经超过了60%，但与此同时出现的医疗费用现金卫生支出比仍处在高位的现象说明患者的实际补偿（报销）比偏低；再次，合规医疗费用是收入分配效应的影响因素，年内合规费用高的患者得到了较多的医保基金补偿（报销）；最后，统筹模式是影响制度绩效的重要因素。“一元制模式”中重大疾病患者医疗费用补偿（报销）比更高，说明“一元制模式”在保障的深度、效果方面要强于“一制两档模式”。“一元制模式”中农村居民受益少于城镇居民，说明两类人群的就医行为模式影响了医保基金补偿（报销）在不同身份人群间的分配结果。

以上结论给我们的政策启示有以下几点。一是实践中针对特殊困难群体的扶持性政策安排，促进了重大疾病保障制度的正向分配效应的发挥。在未来的制度设计和完善上，可以考虑整合个税专项扣除、家庭生计调查等多方面的信息，探索如何对不同经济收入水平的患者的医疗费用补偿（报销）比进行差异化的设置，通过“精准滴灌”的方式，让中低收入人群、特殊困难群众得到更多经济上的保护，并从制度中更好地受益。二是大病保险作为城乡居民基本医疗保障制度的延伸与拓展，与“低保障”“广覆盖”的基本医保在功能上存在着一定的重合，基本医保、大病保险采用统一的“三目录”在一定程度上造成了患者的实际补偿（报销）比偏低的问题。大病保险合规医疗费用的界定应当适度放开，“三目录”应与基本医保的有所不同，尤其是在一些恶性肿瘤（癌症）患者、慢性病患者的用药问题上，应进一步提高患者的医疗费用实际补偿（报销）比。三是“一制两档模式”应尽早转为“一元制模式”，通过城乡居民共建共享的方式做大基金池，并提高大病保险的保障深度。四是在保障基金平稳、运行安全的前提下，考虑进一步合理降低起付线，提高分段超额累计报销比和封顶线，让农村居民更多地从重大疾病保障制度的建设中获益。

二、关于重大疾病患者的就医行为

统计性描述与就医行为有序 Probit 模型回归的结果表明，首先虽然在基层医疗机构接受卫生服务的医疗费用补偿（报销）比更高、就医便利性更好，但三级医院仍旧是重大疾病患者就医的首选目标地。“小病不出乡，大病不出县”是我国医疗卫生体制改革的目标之一，但“大医院”门庭若市、基层医院门可罗雀、病患就医时遭遇“三难”（“看病难”“看病贵”“看病累”）很大程度上是城乡参保（合）重大疾病患者就医格局的真实写照。重大疾病保障制度在合理分流患者、促进医疗卫生服务资源的合理分配和利用、减少患者家庭间接卫生支出方面达成的效果不如想象中那般好，换句话说就是间接经济绩效并不明显。其次，年龄、性别、受教育程度、政策认知、医疗机构距离会影响患者的就医选择，这些都是未来政策改进中需要加以考虑和利用的因素。最后，“一元制模式”下患者更多选择了低级别医疗机构接受医疗卫生服务，这更有利于医疗卫生资源的合理分配，分流患者的效果要好于“一制两档模式”。

以上结论给我们的政策启示有以下几点。一是要进一步适当拉开不同级别医疗卫生机构之间的补偿（报销）比，落实好基层首诊制、分级诊疗和转诊制度等相关制度，加强基层医疗卫生体系的质量建设，提升重大疾病患者在基层医疗卫生机构接受诊疗服务的可及性、便利性。二是政策认知是影响患者就医行为的一个因素，政策宣传上存在的不足影响了制度的分流效果。一些农村偏远地区的患者对医疗保险补偿（报销）政策的认识的不足，使重疾被耽误治疗的情况非常容易出现，应在农村偏远地区加大对重大疾病保障制度的政策宣传和引导。最后，“一制两档模式”应该尽快向“一元制模式”转变，促进域内医疗卫生资源更为合理的分配和使用。

三、进一步的思考

从实证分析结果看，低收入患者、农村患者、疾病负担重的患者、较年长的患者、高健康风险患者、恶性肿瘤（癌症）患者的医疗费用补偿（报销）金额和医疗费用补偿（报销）比要高于其他患者人群，能更多地从医保补偿（报销）中受益。这样一个补偿（报销）结果符合重大疾病保障制度的政策预期与目标。实证结果充分说明，重大疾病保障制度实实在在地起到了减少因病致贫、因病返贫社会现象“压舱石”的作用，制度的建设促进了健康公平。但要注意的是，重大疾病保障制度的经济绩效仍有提升空间，可以通过合理扩大“三目录”覆盖范围、提高重大疾病患者医疗费用实际报销（补偿）比、差异化设置不同经济收入水平患者的医疗费用补偿（报销）比等方法来加以改善。

理论上而言，理性人罹患重大疾病后会对不同就医方案的成本—收益进行分析，在重大疾病保障制度中设置与医疗机构级别逆向的补偿（报销）比，应该能够起到引导重大疾病患者合理选择就医机构和提高医疗卫生资源利用率的作用。从重大疾病患者就医机构选择的描述性统计结果上看，为了能够得到更好的医疗卫生服务和治疗效果，患者还是倾向于选择公办的“大医院”，医疗保险补偿（报销）也更多地发生在三级医院。就医行为有序 Probit 模型回归结果表明，统筹模式、年龄、政策认知、医疗机构距离等是患者就医机构选择的影响因素。结合重大疾病保障制度“小病不出乡，大病不出县”的发展目标，政府应当尽快规范基层首诊和转诊制度，引导患者合理就医；要进一步加强公众政策宣传，通过签约服务提高城乡居民对基层医疗的认可度；要充分发挥基层医疗卫生服务机构分布广、医疗费用低等优势，大力推进城乡基层医疗机构服务模式由专于疾病治疗转向全生命周期的健康管理，让常见病、多发病在基层得到解决，提高群众医疗卫生服务的便利性；要加强“医共体”的打造和基层医疗机构服务能力建设，推进医疗卫生信息化建设，加强远程医疗服务体系建设。

第八章　重大疾病保障制度健康绩效实证分析

国外学者的研究结果显示，“社会中处在不同地位的人群之间存在明显的健康差异，社会经济地位越高的群体，平均健康状况越好”①。在中国，一些学者也指出，医疗卫生服务领域中存在着“地位综合症”（status syndrome）现象。本书第七章对重大疾病保障制度的经济绩效进行了分析，研究结果表明这一制度具有正向的分配效应，较好地解决了低收入人群、高健康风险人群等社会群体“看病贵”的问题。本章将从重大疾病患者的健康自评、自理能力两个方面来考察重大疾病保障制度的健康绩效，实证分析这一制度能否让城乡居民“看得好病、治好病”。

第一节　健康自评分析

在联合国开发计划署（The United Nations Development Programme，UNDP）1990年创立的人类发展指数（human development index，HDI）中，预期寿命、教育水平和生活质量三个指标主要用以衡量联合国各成员国经济社会发展水平。在三个指标中，预期寿命、生活质量两个指标与健康联系极为紧密。健康不仅是没有疾病或者不虚弱，而且是身体、精神的健康和社会幸福的完美状态②。

格罗斯曼的健康需求理论认为，健康广义上包括寿命和给定时间内的无病天数，它既是消费者需求的，又是消费者生产出来的。消费者在市场上购买各种医疗保健服务、食品等商品用以改善自身的健康状况，并将其转化为健康天数，健康生产函数会受教育和特定环境变量的影响。从重大疾病保障制度的健康改善机

---

① Roberto De Vogli, “Status Syndrome: How Your Social Standing Directly Affects Your Health and Life Expectancy,” *BMJ* 329, no.7462(August 2004):408.

② 宗世平：《阿拉木图宣言和医学教育》，《医学与哲学》1986年第4期。

制上看，它通过为患者提供医疗卫生服务费用补偿（报销）、引导和改变患者的就医与保健行为、增加家庭和社会健康投资等方式改善患者健康水平，促进社会健康公平。因此，患者健康水平的改善可能会受到以下几个因素的影响：一是不同收入阶层、不同身份的患者在获取医疗卫生服务的能力和机会上的差异；二是患者的疾病类型、日常保健行为与生活方式；三是城乡间的医疗卫生服务存在的“同价不同质”问题。本节将使用格罗斯曼健康效用模型对重大疾病患者健康评价结果进行回归。

一、模型设定与变量选择

通常，对个体健康的测度主要有两种方法。一是被调查者自己及其家人对其健康状况的评价，这是一种主观评价方法。这种评价方法有可能会受到健康认知、回忆期长短的影响。二是以患病率和生病时间为尺度。在实证分析中，我们将借用格罗斯曼健康效用模型对重大疾病患者健康评价进行回归，以患者自己或其家人对患者的健康评分作为被解释变量，来考察大病保险的健康绩效。为了控制收入、户籍、统筹模式以外的相关因素，设定模型如下：

$$Y=\beta_0+\beta_1 R_i+\beta_2 TI_i+\beta_3 PI_i+\beta_4 TI_i\times R_i+\beta_5 TI_i\times PI_i+\beta_6 I.DIS_i+X_i{'}\delta+\varepsilon\cdots \quad (8.1)$$

在模型中，解释变量 TI_i 及年龄、性别、婚姻状况、受教育程度等个体禀赋与上一章中相同。需要说明的是，模型中代表经济收入的变量为个人上一年收入对数 PI_i，而不是上一章所使用到 HI_i（家庭上一年收入对数），$I.DIS_i$ 表示重大疾病患者所患的具体疾病类型。

二、实证分析结果

（一）描述性统计分析

从整体上看，重大疾病患者健康评分得分在 60 分（不含 60 分）以上的患者人数为 880 人，占比约为 76%；得分在 60 分及以下的患者人数为 283 人，占比约为 24%（表 8-1）。从统计结果上看，患者的健康状况总体较好，经过治疗后大多数患者的身体状况得到了改善。健康评分的分布情况上，得分在 71~80 分的患者最多，共 435 人，占比 37.41%；其次是得分在 81~100 分的患者，共计 241 人，占比 20.72%；再次是得分在 61~70 分的患者，共 204 人，占比 17.54%；然后是得分为 51~60 分的患者，共 147 人，占比 12.64%；得分在 0~50 分的患者最少，共 136 人，占比 11.69%。

表 8-1 调研样本患者健康评分描述性统计分析

患者健康评分	频次	占比 /%
0~50 分	136	11.69
51~60 分	147	12.64
61~70 分	204	17.54
71~80 分	435	37.41
81~100 分	241	20.72

资料来源：笔者根据调研数据统计得到。

各分组变量健康自评得分情况见表 8-2。在不同年龄的患者的健康评分中，0~14 岁患者的健康评分平均分最高，平均得分为 80.76；其次是 15~59 岁的患者，平均得分为 75.90；59 岁以上患者的健康评分最低，平均得分为 65.85。从不同性别患者的健康评分平均分上看，男女性患者的平均得分分别为 73.90、73.16，两性之间的差异很小，基本可以忽略不计。从不同婚姻状况患者的健康评分平均分上看，已婚患者健康评分的平均得分要高于未婚患者，说明已婚患者的健康水平要好于未婚患者。

从不同受教育程度患者的健康评分平均分上看，其在受教育程度不同的患者之间存在着一定的差异。统计数据显示，小学及以下、初中、高中、大学及以上患者样本健康评分的平均得分分别为 71.85、73.47、75.81、77.10，受教育程度较高的患者的平均得分要高于受教育程度较低的患者。从到不同医疗机构接受医疗卫生服务患者的健康评分平均分上看，其他类型的医疗机构评分的平均分最高，为 79.44；其次为省级医疗机构，平均得分为 74.12；市（地）级医疗机构随后，平均得分为 73.13；得分最低的是县级医疗机构，平均得分为 72.93。

表 8-2　各分组变量健康自评得分的描述性统计分析

变量	类别	平均值	方差	观测值
年龄	0~14 岁	80.76	13.26	116
	15~59 岁	75.90	14.01	717
	59 岁以上	65.85	16.88	330
性别	男	73.90	15.01	592
	女	73.16	16.27	571
婚姻状况	已婚	73.74	15.38	961
	未婚	72.52	16.77	202
受教育程度	小学及以下	71.85	15.83	516
	初中	73.47	15.04	333
	高中	75.81	15.12	181
	大学及以上	77.10	16.2	133
医疗机构	省级	74.12	16.03	448
	市（地）级	73.13	16.14	522
	县级	72.93	13.02	184
	其他	79.44	14.24	9

资料来源：笔者根据调研数据统计得到。

从不同收入水平的患者的健康评分平均分上看，样本最高收入组患者健康评分较高，为 75.58；收入最低、次低组的患者的健康评分分别为 68.86 和 73.74，中间收入组的患者的健康评分为 75.22（表 8-3）。在城镇居民、农村居民患者的健康评分上，农村居民的评分要高于城镇居民。这说明在治疗后，农村居民认为自身健康水平的改善较好。分地区看，贵阳市、黔西南州两地最低收入家庭患者的健康评分也是最低，分别为 67.86 和 70.10。在黔西南州，次高收入组的患者的健康评分最高，为 76.58。在两地农村居民、城镇居民患者的健康评分平均分上，贵阳市农村患者的评分要高于城镇患者，黔西南州城镇患者的评分要高于农村患者，刚好相反，存在一定的差异。

表 8-3　不同收入水平患者健康评分情况表　　**单位：分**

收入分组	总样本	贵阳市	黔西南州
最低收入组	68.86	67.86	70.10
次低收入组	73.74	74.80	73.04
中间收入组	75.22	73.54	76.55
次高收入组	74.25	71.91	76.58
最高收入组	75.58	77.06	72.33
农村患者	73.76	74.30	73.18
城镇患者	73.31	72.00	74.71

资料来源：笔者根据调研数据统计得到。

（二）计量结果分析

回归结果（表 8-4）显示，年龄通过了 1% 的显著性水平检验且效应为负，说明年龄大的患者健康评分较低。一般认为，身体机能随着年龄的增长而逐渐退化。上了年纪的人往往感觉自己的身体状况远不如年轻人那么好，尤其是对于患过重大疾病的老年人而言。年轻人身体机能较好，在患病后恢复较快，对于自身健康状况的评价往往会较为乐观，健康自评结果会好于上了年纪的人。

婚姻状况通过了 10% 的显著性水平检验且效应为正，说明较之未婚家庭，已婚家庭的健康评分较高，这可能与已婚家庭的重大疾病患者治疗后得到了更多的照顾和看护、更多的保健行为与营养摄取有一定的关系。

表 8-4　患者健康自评模型回归结果

变量	系数	标准误
年龄 / 岁	−0.214 0***	0.022 4
性别（1= 男；0= 女）	−0.384 6	0.870 0
婚姻状况（1 已婚；0= 未婚）	2.143 1*	1.201 0
教育年限 / 年	0.177 8	0.111 3
户籍（1= 农村；0= 城镇）	4.945 4***	1.309 2
家庭规模 / 人	−0.369 5	0.318 7

续表

变量	系数	标准误
个人上一年收入对数	4.714 9***	1.194 6
统筹模式（1=“一元制模式”；0=“一制两档模式”）	7.206 1***	2.419 8
统筹模式 * 户籍	−5.367 0***	1.796 4
统筹模式 * 个人上一年收入	−0.000 3**	0.000 1
血脂异常 [基组 = 恶性肿瘤（癌症）]	7.212 6	4.895 5
糖尿病 [基组 = 恶性肿瘤（癌症）]	4.128 0	2.942 9
高血压 [基组 = 恶性肿瘤（癌症）]	1.535 4	2.448 0
肺部疾病 [基组 = 恶性肿瘤（癌症）]	3.581 0*	1.828 0
肝脏疾病 [基组 = 恶性肿瘤（癌症）]	4.084 7	2.943 0
心脏病 [基组 = 恶性肿瘤（癌症）]	4.976 1***	1.790 5
中风 [基组 = 恶性肿瘤（癌症）]	−1.422 8	2.998 5
肾脏疾病 [基组 = 恶性肿瘤（癌症）]	4.426 9**0	1.901 9
胃部或消化系统疾病 [基组 = 恶性肿瘤（癌症）]	8.818 1***	1.712 3
情感及精神问题 [基组 = 恶性肿瘤（癌症）]	2.884 9	3.481 5
记忆相关疾病 [基组 = 恶性肿瘤（癌症）]	4.460 8	14.434 4
关节炎或风湿 [基组 = 恶性肿瘤（癌症）]	8.743 3***	2.367 9
哮喘 [基组 = 恶性肿瘤（癌症）]	4.232 2	4.654 3
其他 [基组 = 恶性肿瘤（癌症）]	7.638 8***	1.245 7
常数项	29.782 4**	11.889 8
F 检验	10.31	
调整后的 *R* 平方	0.18	
样本量	1 163	

注：*、**、*** 分别代表 10%、5% 和 1% 的显著性水平。

户籍通过了 1% 的显著性水平检验且效应为正，说明较之城镇居民，农村居民在接受治疗后，对身体状况的自我健康评价要好于城镇居民。

个人上一年收入对数通过了 1% 的显著性水平检验且效应为正，说明收入较高人群的健康评分高于收入较低的人群。一般情况下，收入较高人群在日常医疗保健与康复上花费更多，也更有能力在改善健康状况的消费中进行投资，因而在患病后身体状况的改善程度更好。

统筹模式变量通过了 1% 的显著性水平检验且效应为正，表明“一元制模式”下患者的健康评分普遍高于“一制两档模式”下患者的健康评分，健康评价整体上要好于“一制两档模式”。统筹方式 * 户籍变量通过了 1% 的显著性水平检验且效应为负，说明“一元制模式”中，农村居民患者的健康评价低于城镇居民患者；统筹方式 * 个人上一年收入变量通过了 5% 的显著性水平检验且效应为负，说明“一元制模式”中，收入高的人群的评分要低于收入低的人群的。

在疾病类型中，肺部疾病，肾脏疾病，心脏病、胃部或消化系统疾病、关节炎或风湿、其他疾病，分别通过了 10%、5% 和 1% 的显著性水平检验且效应为正，说明这些疾病患者的健康评分高于作为基组的恶性肿瘤（癌症）患者。其他一些疾病（中风除外）虽然统计不显著，但系数符号为正说明这些疾病的患者评分也在一定程度上高于恶性肿瘤（癌症）患者。性别、教育年限、家庭规模在模型中统计不显著，这说明在此次调研患者的健康评价上，这三个因素并没有对健康结果产生影响。

第二节　自理能力分析

自理能力是健康状态和健康评价中十分重要的内容，是个体独立应对生活的能力和对自身健康状况做出的主观评价和估计。在重大疾病保障制度的保障下，重大疾病患者急需的医疗卫生服务在性质、类别不同的医疗卫生机构中得到了不同程度的满足，直接结果就是患者健康水平的改善和自理能力的提高。同时，较少医疗现金卫生支出所产生的“收入效应”，让家庭能够为患者提供康复所必需的营养补充，提高卫生保健理念，并增加家庭人力资本投资。患者自理能力的提高，减少了由住院看护产生的收入减少和家庭劳动力不足问题，客观上增加了家庭的人力资本存量和劳动力。

以往的一些研究表明，影响患者自理能力的因素可能会有很多，如年龄、性别、婚姻状况、经济特征变量、医疗服务的数量与质量等等。虽然患者实际疾病治愈效果与其自理能力评价并非完全一致，但自理能力评价还是一定程度上反映出了患者术后的健康状况。同时，自理能力还与患者的生理、心理以及社会适应性存在着密切的关系。接下来，本节将会对重大疾病患者的自理能力评价进行分析，研究相关影响因素，探讨如何提高患者的自理能力、更好地促进患者身心健康。

一、模型设定与变量选择

本节将对城乡居民重大疾病患者自理能力评价进行有序 Probit 回归，考察相关变量的影响。有序 Probit 模型的原理上一章已有介绍，本节不再赘述。此处采用 3 个尺度（1，2，3）进行衡量，它们分别代表“可以完全自理”“洗澡和穿衣有问题”“无法自己洗澡和穿衣”，用以评价被调查患者的自理能力。解释变量包括一些反映个体特征、统筹模式、医疗机构级别等方面的因素，与前文所述相同，新加入的变量中 DEP_i 表示是否患有抑郁，是一个分类变量，没有抑郁取值为 0，患有轻度抑郁取值为 1，患有重度抑郁取值为 2。

二、实证分析结果

（一）描述性统计分析

表 8-5 对自理能力及相关变量进行了描述性统计。在调研的 1 163 个样本中，自理能力评价为“可以完全自理”的患者共 872 人，占比 74.98%；评价为“洗澡和穿衣有问题”的患者共 95 人，占比 8.17%；评价为“无法自己洗澡和穿衣”的患者共 196 人，占比 16.85%。考虑到此次调研的样本都为重大疾病患者，自理能力评价整体的情况要好于笔者调研前的预期。

表 8-5　各分组变量自理能力的描述性统计

分组		自理能力					
		1= 可以完全自理		2= 洗澡和穿衣有问题		3= 无法自己洗澡和穿衣	
		频数	占比 /%	频数	占比 /%	频数	占比 /%
全样本		872	74.98	95	8.17	196	16.85
年龄	0~14 岁	101	87.07	4	3.45	11	9.48
	15~59 岁	584	81.45	45	6.28	88	12.27
	60 岁及以上	187	56.67	46	13.94	97	29.39
性别	男性	449	75.84	52	8.78	91	15.37
	女性	423	74.08	43	7.53	105	18.39
婚姻	已婚	723	75.23	83	8.64	155	16.13
	未婚	149	73.76	12	5.94	41	20.3
教育	小学及以下	365	70.74	49	9.5	102	19.77
	初中	259	77.78	25	7.51	49	14.71
	高中	141	77.9	13	7.18	27	14.92
	大学及以上	107	80.45	8	6.02	18	13.53
收入	最低收入组	153	65.95	23	9.91	56	24.14
	次低收入组	173	74.25	23	9.87	37	15.88
	中间收入组	190	81.90	16	6.90	26	11.21
	次高收入组	181	77.68	13	5.58	39	16.74
	最高收入组	175	75.11	20	8.58	38	16.31

资料来源：根据调研数据统计得到。

不同年龄段患者的评价上，0~14 岁的患者中，自理能力评价为“可以完全自理”的患者占比 87.07%，评价为“洗澡和穿衣有问题”的患者占比 3.45%，评价为“无法自己洗澡和穿衣”的患者占比 9.48%；15~59 岁的患者中，自理能力评价为“可以完全自理”的患者占比 81.45%，评价为“洗澡和穿衣有问题”的患者占比 6.28%，评价为“无法自己洗澡和穿衣”的患者占比 12.27%；60 岁及以上的患者中，自理能力评价为“可以完全自理”的患者占比56.67%，评价为“洗澡和穿衣有问题”的患者占比13.94%，评价为“无法自己洗澡和穿衣”的患者占比29.39%。统计结果显示，较年轻患者的自理能力评价情况整体上要好于较年长的患者，这也与常理相符。

不同性别患者在自理能力评价上的差异不大，男性和女性患者在“可以完全自理”“洗澡和穿衣有问题”和“无法自己洗澡和穿衣”的占比分别为75.84%、8.78%、15.37%和74.08%、7.53%、18.39%。不同婚姻状况患者在自理能力评价上有一定的差异，已婚人群中自我能力评价为“可以完全自理”的占比要高于未婚人群，未婚人群中自我能力评价为“无法自己洗澡和穿衣”的占比要高于已婚人群。

不同受教育水平的患者在自理能力评价上也有一定的差异。具体而言，小学及以下教育水平患者在“可以完全自理”“洗澡和穿衣有问题”“无法自己洗澡和穿衣”的占比分别为70.74%、9.50%、19.77%；初中教育水平患者自我能力评价为“可以完全自理”“洗澡和穿衣有问题”“无法自己洗澡和穿衣”的占比分别为77.78%、7.51%、14.71%；高中教育水平患者在“可以完全自理”“洗澡和穿衣有问题”“无法自己洗澡和穿衣”的占比分别为77.90%、7.18%、14.92%；大学及以上教育水平患者自我能力评价为“可以完全自理”“洗澡和穿衣有问题”“无法自己洗澡和穿衣”的占比分别为80.45%、6.02%、13.53%。

在不同收入水平患者自理水平评价上，五分组后评价结果为“可以完全自理”的占比最高的是中间收入组，在本组人群中占比为81.90%；占比最低的是最低收入组，在本组人群中占比为65.95%。评价结果为“洗澡和穿衣有问题”的占比最高的是最低收入组，在本组人群中占比为9.91%；占比最低的是次高收入组，在本组人群中占比为5.58%。评价为“无法自己洗澡和穿衣”的五分组中，最低收入组占比最高，在本组人群中占比为24.14%；占比最低的是中间收入组，在本组人群中占比为11.21%。

（二）计量结果分析

接下来，本节将对影响患者自理能力的因素进行有序 Probit 模型估计。回归结果见表 8-6，年龄、统筹模式、是否患有抑郁、疾病类型、县级医疗机构就医会对重大疾病患者的自理能力评价产生一定影响。

表 8-6　自理能力影响因素有序 Probit 模型回归结果

变量	系数	标准差	Z 值
年龄 / 岁	0.022 5***	0.002 8	8.07
统筹模式（1=“一元制模式”；0 =“一制两档模式”）	−0.386 6***	0.138 0	−2.83
性别（1= 男；0= 女）	−0.043 2	0.104 5	−0.41
婚姻状况（1= 已婚；0= 未婚）	−0.179 3	0.130 2	−1.38
户籍（1= 农村；0= 城镇）	−0.254	0.107 8	−0.24
家庭规模 / 人	0.044 4	0.035 2	1.26
中学	0.019 6	−0.077 7	0.25
大学及以上	0.255 5	0.176 3	1.45
轻度抑郁	0.532 5***	0.114 8	4.64
严重抑郁	1.655 6***	0.219 0	7.56
疾病（1= 恶性肿瘤（癌症）；0= 其他）	0.303 0**	0.121 3	2.50
市（地）级医疗机构（基组 = 省级医疗机构）	0.182 9	0.114 3	1.60
县级医疗机构（基组 = 省级医疗机构）	0.501 7***	0.187 3	2.68
其他医疗机构（基组 = 省级医疗机构）	−0.033 9	0.549 0	−0.06
伪 R^2		0.18	
卡方统计量		212.09	
观测值		1 163	

注：*、**、*** 分别代表 10%、5%、1% 的显著性水平。

年龄变量通过了 1% 的显著性水平检验且效应为正，说明年龄对患者的自理能力有正向的影响。较年长的患者身体机能衰老、行动能力差，经过治疗恢复后不如较年轻的患者，自理能力较差是一个可见的合理结果。这同时也表明年龄较大的患者需要家庭看护，需要基层医疗机构尤其是社区医疗机构为其提供长期的健康管理服务。

统筹模式变量通过了1%的显著性水平检验且效应为负，说明“一元制模式”下患者的自理能力评价结果要好于“一制两档模式”下的患者。

是否患有抑郁变量通过了1%的显著性水平检验且效应为正，说明是否患有抑郁对重大疾病患者的自理能力有较大的影响。抑郁症是近年来全球一项重要的公共卫生议题，抑郁症和其他精神疾病一样，通常不被认为与其他慢性身体健康状况有关，因为它影响人的整体健康。抑郁症患者的寿命相对较高①，患有一种或多种慢性疾病的人患重度抑郁症的风险会增加②③④。在抑郁症的预防上，加强心理护理以及健康教育有利于降低患者焦虑、抑郁的程度。

疾病类型变量通过了5%的显著性水平检验且效应为正，说明是否患有恶性肿瘤（癌症）对患者的自理能力有影响。就事实观测而言，晚期恶性肿瘤（癌症）患者大多全身器官衰竭，各脏器功能相继减退，大多数患者丧失自理能力。同时，很多慢病患者的自理能力也谈不上乐观。国外一项对60岁以上的180名慢性病重病住院患者的研究结果显示，患者大多有大小便失禁、依赖呼吸机、无法下床、长期思维不清、依赖鼻胃管、需要长期照护等情况⑤。

医疗机构中，县级医疗机构通过1%的显著性水平检验且效应为正，说明在

---

① BedirhanÜstün T., Ron C. Kessler, “Global Burden of Depressive Disorders: The Issue of Duration,” *The British Journal of Psychiatry* 181, no.3 (September 2002) :181-183.

② Wayne Katon, Herbert Schulberg, “Epidemiology of Depression in Primary Care,” *General Hospital Psychiatry* 14, no.4 (August 1992):237-247.

③ Polly Hitchcock Noël, John W. Williams, Jürgen Unützer, et al., “Depression and Comorbid Illness in Elderly Primary Care Patients: Impact on Multiple Domains of Health Status and Well-Being,” *The Annals of Family Medicine* 2 , no.6 (December 2003) :555-562.

④ Linda H. Harpole, John W. Williams Jr, Maren K. Olsen, et al., “Improving Depression Outcomes in Older Adults with Comorbid Medical Illness,” *General Hospital Psychiatry* 27, no.1 (September 2009):4-12.

⑤ Emily B. Rubin, Anna E. Buehler, Scott D. Halpern, “States Worse Than Death among Hospitalized Patients with Serious Illnesses,” *JAMA Internal Medicine* 176,no.10 (August 2016):1557-1559.

低级别医疗机构就医的重大疾病患者自理能力较差。现实生活中，由于经济基础较差，很多农村和边远地区年纪大、行动不便的重大疾病患者在患病后很少能够有机会到级别较高的医院进行治疗，更多地选择在就近的基层医疗机构进行治疗。基层医疗机构提供的医疗卫生服务的质量和水平，很大程度上决定了患者的康复情况和术后自理能力的高低。

第三节　结论与思考

一、关于健康自评

统计性描述结果表明重大疾病患者的健康状况总体评价较好，这说明重大疾病保障制度的健康绩效是较为明显的。结合上一章研究结果可以认为，这一制度在降低患者医疗费用的同时，也较好地改善了患者的身体健康状况。但是需要引起注意的是调研地区存在“地位综合征”的问题，与经济收入相关的社会阶层间的健康不平等现象并没有得到很好的改善。健康评价回归模型结果表明，年龄、婚姻状况、户籍、收入水平、统筹方式和疾病类型等因素对健康评价结果有影响，较年长的患者、未婚患者、城镇居民家庭患者、低收入患者、恶性肿瘤（癌症）患者的健康自评结果较差，说明这些患者在术后康复、健康管理和营养保障上可能存在着一定的不足。

就政策启示而言，大病保险“二次报销”的特点决定了重大疾病保障制度在一定程度上存在着重治疗、轻康复的问题。下一步政策的改进应考虑如何将重大疾病保障制度的保障范围向健康档案管理、社区康复、用药指导等多个方面延伸，探索建立以健康效果为导向的医保支付方式改革和健康绩效考核机制、“医疗体”对重大疾病患者“一站式”全程服务管理体系与利益分配机制，更好提升健康绩效和改善与经济收入相关的健康不平等现象。从统筹模式上看，“一元制模式”下的患者评分要高于“一制两档模式”下的，说明前者在降低患者医疗费用、提高患者健康水平方面的制度绩效更明显，“一制两档模式”应该尽快向“一元制模式”转变，以更好地提升健康绩效，促进健康公平。

二、关于自理能力

自理能力有序 Probit 模型回归结果表明，年龄、抑郁程度、疾病类型、统筹模式、医疗机构类型是影响自理能力的因素。具体而言，较年长的患者自理能力不如较年轻的患者；患有抑郁症患者的自理能力比没有抑郁症的患者差；恶性肿瘤（癌症）患者的自理能力要比患有一般疾病的患者差；“一元制模式”下患者术后自理能力要强于“一制两档模式”下的患者；在县级医疗机构就诊的患者术后自理能力比在省级医疗机构、市（地）级医疗机构和其他医疗机构就诊的患者差。

就政策启示而言，年长患者、恶性肿瘤（癌症）患者、抑郁症患者和在县级医院就诊的患者自理能力弱的问题依靠群众自身很难解决。患者的术后康复、心理护理、健康教育等一些工作，非常需要专业医护人员来进行指导和帮助。从现实基础上看，社区（乡镇）卫生服务机构是离患者最近的医疗卫生场所，是可以信任和依靠的改善和提高重大疾病患者自理能力的专业性卫生机构。下一步，要通过提升社区（乡镇）卫生服务机构的医疗卫生服务能力、搭建康复服务机构平台、完善社区与大医院的康复衔接机制等方式推动三甲医院的品牌、技术和人才下沉，通过推进家庭医生签约、制定医保报销倾向性优惠政策等方式引导重大疾病患者“康复回基层”，并推进康复医学进社区。

三、进一步的思考

孟庆国、胡鞍钢认为健康贫困是一种机会丧失和能力剥夺，也就是由于经济发展水平低下、支付能力不足所导致的参与医疗保障、卫生保健和享受基本卫生公共服务的机会丧失，以及由此造成的健康水平下降所导致的参与经济活动的能力被剥夺，从而带来收入的减少和贫困的发生[①]。在重大疾病保障制度提供的财务保护下，城乡居民患病“花小钱、看大病”，更多地消费了昂贵的医疗卫生服务，来恢复、维持或改善个体的健康水平，增加人力资本并减少健康贫困的发生。

统计结果和健康评价回归表明，重大疾病患者的健康状况总体评价较好，重大疾病保障制度的健康绩效是明显的，但存在着不同收入阶层间的健康不平等问题，需要对当前的制度进行完善和改进。需要注意的是，作为一个主观指标，健康评价结果不可避免地会受到其他多种因素影响。例如，城镇居民患者与农村居民患者、高收入人群与低收入人群在健康状态认知上的差异，会在一定程度上影响健康评价结果的客观性。低收入人群、农村居民对健康评价的高估，高收入人群、城镇居民对健康评价的低估可能同时存在。在以往的研究中，受教育程度往往会影响患者对健康状况的评价，但在此次研究中这一影响因素并不显著。

自理能力评估在优质护理服务中有着承上启下的作用，从康复和健康管理的角度而言，社区康复是整个康复机构体系中的重要组成部分，肩负着疾病恢复期、慢性病患者康复治疗以及健康恢复的重要职责。社区康复同时又是家庭康复、康复养老以及病人恢复健康回归社会的紧密交会点，是通向社会大健康的最后一公里。要利用好现有的社区（乡镇）医疗卫生服务资源，推进社区（乡镇）卫生服务机构转变模式，由专于疾病治疗转向全生命周期的健康管理，为城乡居民提供“质优价廉”的健康管理服务及心理护理、健康教育，不断提升健康绩效。

---

① 孟庆国、胡鞍钢：《消除健康贫困应成为农村卫生改革与发展的优先战略》，《中国卫生资源》2000 年第 6 期。

第九章　调研两地制度绩效比较与差异成因分析

前面两章对重大疾病保障制度的经济绩效、健康绩效进行了研究，本章将使用集中指数、泰尔指数、FGT 贫困指数等指标对调研两地重大疾病保障制度的经济绩效、健康绩效进行比较和分析，找到两地制度绩效差异的主要成因。

第一节　指标介绍

一、集中指数

在卫生经济学中，集中指数（又称健康集中曲线）经常被用于衡量一个国家或者地区的健康公平性、卫生资源配置公平性以及卫生服务利用公平性，是卫生公平性的主要测量方法和工具之一，是洛伦兹曲线的一般化。集中指数图中，横轴通常用于表示人群的累计百分比，如社会经济状况方面的，纵轴表示健康相关指标，如人群的患病情况、死亡率、医疗卫生费用支出等等。集中指数（*CI*）在卫生经济学中经常用于对公平性的研究，用于衡量与社会经济状况相联系的健康不公平程度。集中指数常用的计算方法有几何法和协方差法，其计算方法和基尼系数一样，但它的取值范围是从 -1 到 +1。集中曲线与对角线的距离越远，不公平程度越高。集中曲线与对角线之间面积的两倍被称作集中指数，集中曲线在对角线上方时，集中指数为负值，在对角线下方时，集中指数为正值。集中指数的计算方式可以表示为：

$$CI=1-2S \tag{9.1}$$

一般来说，集中曲线以下的面积可以由以下公式算出：

$$s = \frac{1}{2}\sum_{j=1}^{j}(B_{j-1} + B_j)(A_j - A_{j-1}) \tag{9.2}$$

其中，B_j 为第 j 个收入组的医疗服务利用累计百分比，A_j 为第 j 个收入组的人口累计百分比。在运用集中指数测量健康服务利用的公平性方面，Wagstaff 和 Doorslaer 的研究方法利用最为广泛，本书的研究将采用这一方法[①]，使用患者大病保险报销（补偿）金额作为收益指标来对集中指数进行评价。若集中指数为正值，说明分配效应倾向于收入水平较高的群体，若集中指数为负值，则说明分配效应倾向于收入水平较低的群体。

二、泰尔指数

泰尔指数（Theil index）也被称为泰尔熵标准，是由泰尔利用信息理论中的熵概念来计算收入不平等而得名[②]。泰尔指数有两种，一种是以 Y_i 为权重的传统意义上的泰尔指数，被称为泰尔 T 指数，它对上层收入水平的变化很敏感。其计算公式为：

$$T = \sum_{i=1}^{n} Y_i \log \frac{Y_i}{P_i} \tag{9.3}$$

第二种是以 P_i 为权重的 MLD 指数（mean log deviation index），有时也被称为泰尔 L 指数，是广义熵指数的另一种形式，它对底层收入水平的变化很敏感。其计算公式为：

$$T = \sum_{i=1}^{n} P_i \log \frac{P_i}{Y_i} \tag{9.4}$$

三、FGT 贫困指数

本书使用政策性补偿（报销）发生前后 FGT 贫困指数的贫困发生率、贫困深度指标和贫困强度指标的变化来说明大病保险的减贫效应。FGT 贫困指数是

① Adam Wagstaff, Eddy Van Doorslaer, Pierella Paci, "Horizontal Equity in the Delivery of Health Care," *Journal of Health Economics* 10, no.2(July 1991):251-256.

② Henri Theil, Myron Scholes, "Forecast Evaluation Based on a Multiplicative Decomposition of Mean Square Errors," *Econometrica: Journal of the Econometric Society* 35, no.1 (January 1967):70-88.

由经济学家福斯特（Foster）、格林尔（Greer）和索贝克（Thorbecke）在 1984 年提出来的一个贫困测量指数，直接使用贫困缺口作为权数，现在已被广泛应用[①]。其计算公式为：

$$P_{\alpha}(x,z)=\frac{1}{n}\sum_{i=1}^{q}\left(\frac{z-x_i}{z}\right)^{\alpha} \tag{9.5}$$

式中，n 为总人口数；z 为贫困线；x_i 为第 i 个贫困者的收入；q 为贫困人口数；参数 α 为 0，1，2。当 $\alpha=0$ 时，P_{α} 为贫困发生率；当 $\alpha=1$ 时，P_{α} 为贫困差距；当 $\alpha=2$ 时，P_{α} 为贫困强度。

这三个贫困指数，分别从贫困人口规模（贫困发生率）、贫困深度（贫困差距）和内部收入分配不平等（即贫困强度）三个方面来描述贫困及其变动情况[①]。

其中，贫困发生率是从贫困现象的广度上来认识和理解贫困的，贫困人口在其人口总体中所占的比例即为贫困发生率。计算公式为：

$$P_{\alpha}=q/n \tag{9.6}$$

P_{α} 为贫困发生率，该指标越大说明社会中处于贫困线以下的人越多，贫困程度越深。大病保险是针对患者发生的医疗卫生保健费用做出的经济上的补偿（报销），这就意味着在确定的贫困线下，在补偿（报销）的前后被调研人群的横向上的贫困发生率会发生变化，即贫困发生率变小或是变大。

贫困差距（也称成比例收入落差）反映了贫困人口的收入和贫困线之间的相对距离，即 FGT 贫困指数中贫困发生率与收入缺口比率的乘积。较之贫困发生率，贫困差距指数有其优势，在贫困发生率不变的情况下，如果贫困差距指数下降，则贫困状况得到缓解，减贫效应发挥作用。计算公式为：（贫困线收入 - 贫困人口人均收入）/ 贫困线收入。

贫困强度与贫困差距指数相比，在加权平均时赋予更贫困人口更大的权重。贫困强度体现了优先改善最穷的贫困人口的经济状况的情况，减贫效应更突出。计算公式为：

---

① 洪兴建：《贫困指数理论研究述评》，《经济评论》2005 年第 5 期。

$$P(x,z)=\frac{1}{n}\sum_{i=1}^{q}\left(\frac{z-x_i}{z}\right)^2 \tag{9.7}$$

在贫困线标准的划定上，有绝对贫困和相对贫困之分。绝对贫困（又称生存贫困）标准一般只考虑为了维持身体健康而绝对必须购买的物品，是衡量家庭为满足其基本需求而应该能够仰仗的资源的固定标准。例如世界银行划定的日收入1.25美元，就是世界范围内的绝对贫困线或极端贫困线。相对贫困线划定考虑的是满足基本的生活需要，但是相对贫困线收入不足以使人的生活达到一个社会的平均生活水平，通常只能维持远远低于平均生活水平的状况。在实践中，一般以一个国家或地区社会中位数收入或平均收入的50%作为这个国家或地区的贫困线。此次研究所使用的数据为2016年所发生的大病费用数据，样本采集和入户调研是在2017年下半年完成的。因此本书将用2016年贵州省贫困标准，即人均纯收入3 146元作为贫困线来测度大病保险的减贫效果变化。

第二节　绩效比较

一、经济绩效比较

首先，是关于两地不同身份、不同收入人群医疗费用补偿（报销）效果的比较。国内外关于不平等的研究中，集中指数（*CI*）、泰尔指数是较为常见的评价指数。从两地医疗费用补偿（报销）的集中指数上看，贵阳市集中指数为正值，说明在“一制两档模式”中，收入较高的家庭更多得到了医疗费用补偿（报销）收益，表现出逆向的分配效应，这种情况可能会进一步扩大社会人群间的收入差距，且十分不利于低收入家庭；黔西南州的集中指数为负值，说明在“一元制模式”下，医疗费用补偿（报销）收益更多是流向了低收入家庭，表现出了正向的分配效应。

从两地重大疾病患者医疗费用补偿（报销）的泰尔指数上看，贵阳市泰尔指数表明，城镇居民更多从医疗费用补偿（报销）中受益。黔西南州泰尔指数表明，农村居民更多从医疗费用补偿（报销）中受益。从组内不平等上看，贵阳市的组内不平等要小于黔西南州。从组间不平等上看，黔西南州的组间不平等小于贵阳市，说明“一元制模式”的城镇居民、农村居民横向组间不公平要更小，城乡间补偿（报销）公平性更好。调研两地医疗费用补偿（报销）分配效果见表9-1。

表 9-1　调研两地医疗费用补偿（报销）分配效果

项目	贵阳市	黔西南州
集中指数	0.05	−0.04
泰尔指数	0.59（城镇 > 农村）	0.61（农村 > 城镇）
组内差异	0.55	0.61
组间差异	0.04	<0.000 1

资料来源：根据调研数据计算得到。

其次，是两地 FGT 贫困指数的比较。从基本医保补偿（报销）后的 FGT 贫困指数上看，贵阳市、黔西南州的贫困发生率、贫困强度、贫困深度 FGT 贫困指数分别为 27.5、284.41、1 274.54 和 7.28、59.57、13.82（表 9-2）。这一情况表明，两地重大疾病患者在经基本医保补偿（报销）后，贵阳市“因病返贫”的发生概率高于黔西南州，贫困强度、贫困深度也高于黔西南州。是什么原因导致贵阳市重大疾病患者的贫困指数高于黔西南州呢？从调研的情况上看，基本医疗保险制度中，报销比例与医疗机构级别逆向设置的方式以及患者的就医行为起了决定性的作用。由于不同地区间在就医便利性、可及性上存在着差异，贵阳市的重大疾病患者一般都会选择在其居住地附近的三级医院就医。黔西南州的重大疾病患者除了少部分选择到临近的云南省省会城市昆明市或者贵州省省会城市贵阳市等地就医外，一般都会就近选择在当地的医疗机构接受医疗卫生服务。受基本医保补偿（报销）政策规定、卫生服务价格等因素的影响，贵阳市重大疾病患者医疗费用的总体水平要高于黔西南州重大疾病患者，经济负担也更重。

表 9-2 贵阳市、黔西南州 FGT 贫困指数

地区	贫困发生率			贫困强度			贫困深度		
	基本医保补偿	大病补偿	变化程度/%	基本医保补偿	大病补偿	变化程度/%	基本医保补偿	大病补偿	变化程度/%
贵阳市	27.5	18.83	32	284.41	49.55	83	1 274.54	658.94	48
黔西南州	7.28	3.37	54	59.57	2.36	96	13.82	3.14	77

资料来源：根据调研数据计算得到。

经过大病保险补偿（报销）后，两地重大疾病患者的贫困发生率、贫困强度、贫困深度 FGT 贫困指数都得到了较大改善，贵阳市为 18.83、49.55、658.94，黔西南州为 3.37、2.36、3.14。就具体的变化程度而言，贵阳市的贫困发生率、贫困强度、贫困深度的变化程度为 32%、83%、48%，黔西南州的贫困发生率、贫困强度、贫困深度的变化程度分别为 54%、96%、77%。这充分说明两地当前大病保险补偿（报销）显著降低了重大疾病患者人群的贫困发生率、贫困强度和贫困深度，制度绩效十分明显。比较而言，黔西南州大病保险的减贫效果更为显著。

从两地城镇居民、农村居民的 FGT 贫困指数上看，经基本医保补偿（报销）后，贵阳市城镇居民的贫困发生率、贫困强度、贫困深度 FGT 贫困指数分别为 0.35、1.48、22.70，高于农村居民的 0.20、0.44、2.72。这一结果表明贵阳市城镇居民在基本医保补偿（报销）后，其医疗费用负担普遍高于农村居民，且差距较大。黔西南州城镇居民的贫困发生率、贫困强度、贫困深度 FGT 贫困指数分别为 0.05、0.05、0.12，低于农村居民的 0.09、0.09、0.16，这表明经基本医保补偿（报销）后农村居民的医疗费用负担要重于城镇居民，但两者之间的差异并不大（表 9-3）。

表 9-3 贵阳市、黔西南州两地城镇居民、农村居民 FGT 贫困指数

地区		贫困发生率			贫困强度			贫困深度		
		基本医保补偿	大病补偿	变化程度/%	基本医保补偿	大病补偿	变化程度/%	基本医保补偿	大病补偿	变化程度/%
贵阳市	城镇	0.35	0.25	29	1.48	0.79	47	22.70	12.19	46
	农村	0.20	0.13	37	0.44	0.20	55	2.72	0.95	65
黔西南州	城镇	0.05	0.02	66	0.05	0.01	80	0.12	0.01	91
	农村	0.09	0.05	43	0.09	0.04	58	0.16	0.05	67

资料来源：根据调研数据计算得到。

大病保险是在基本医保基础上进行的“二次报销”，在保障水平方面，《意见》《实施方案》都明确要求各地大病保险按医疗费用高低分段制定支付比例，原则上医疗费用越高支付比例越高。从变化程度上看，经过大病保险补偿（报销）后贵阳市城镇居民贫困发生率、贫困强度、贫困深度改善程度分别为 29%、47%、46%，低于农村居民 37%、55%、65% 的数值，这说明“一制两档模式”下大病保险的减贫效应在农村居民身上更为显著；经过大病保险补偿（报销）后，黔西南州城镇居民贫困发生率、贫困强度、贫困深度改善程度分别为 66%、80%、91%，高于农村居民 43%、58%、67% 的数值，说明“一元制模式”下大病保险的减贫效应在城镇居民患者人群中更为显著。从两地同类人群的比较上看，黔西南州城镇居民、农村居民的 FGT 贫困指数变化程度要高于贵阳市城镇居民、农村居民的。

二、健康绩效比较

从健康不平等的集中指数、泰尔指数上看，贵阳市、黔西南州重大疾病患者健康评价的集中指数表明两地都存在着与经济收入相关的健康不平等，这非常不利于低收入人群。比较而言，贵阳市健康不平等的集中指数更高，是黔西南州健康不平等的集中指数的一倍多。从泰尔指数上看，两地的泰尔指数为正，表明存在着低收入人群与高收入人群间的健康不平等。贵阳市城镇居民的健康评价结果要好于农村居民，黔西南州农村居民健康评价的结果要好于城镇居民。在组内不平等、组间不平等上，贵阳市健康不平等的问题要比黔西南州更为突出（表9-4）。

表 9-4　健康不平等的集中指数、泰尔指数

项目	贵阳市	黔西南州
集中指数	0.029 4	0.013 3
泰尔指数	0.034 6（城镇 > 农村）	0.015 1（农村 > 城镇）
组内差异	0.032 6	0.015 0
组间差异	0.002 0	0.000 1

资料来源：根据调研数据计算得到。

活动能力、焦虑与抑郁指标的比较情况见表 9-5。在许多关于健康的问卷调查中，活动能力、抑郁指标是两个常见的指标，因为它们较少受到健康认知的影响，具有一定的客观性。关于活动能力，贵阳市、黔西南州重大疾病患者的回答为“可以四处走动，没有任何问题”的人数分别为 72.50%、84.90%；回答“卧床不起”的患者比例分别为 3.83%、4.80%。从评价结果上看，两地重大疾病患者的自理能力尚可。相比较而言，黔西南州重大疾病患者的活动能力评价整体上要好于贵阳市重大疾病患者。

表 9-5 贵阳市、黔西南州重大疾病患者活动能力、焦虑与抑郁程度比较

项目		贵阳市		黔西南州	
		频次	占比 /%	频次	占比 /%
活动能力	1= 可以四处走动，没有任何问题	435	72.50	478	84.90
	2= 行动有些不便	142	23.67	58	10.30
	3= 卧床不起	23	3.83	27	4.80
最近一个月是否焦虑与抑郁	0= 没有	337	56.17	513	91.12
	1= 中度	227	37.83	50	8.88
	2= 重度	36	6.00	—	—
样本数		600		563	

资料来源：根据调研数据计算得到。

对于最近一个月是否焦虑与抑郁的问题，回答“没有”的贵阳市重大疾病患者占比 56.17%，黔西南州重大疾病患者占比 91.12%；回答“中度”的贵阳市重大疾病患者占比 37.83%，黔西南州重大疾病患者占比 8.88%；回答“重度”的贵阳市重大疾病患者占比 6.00%。这一情况说明，黔西南州重大疾病患者的精神面貌、康复情况整体上要好过贵阳市重大疾病患者。

第三节 绩效差异成因分析

对于贵阳市、黔西南州两地重大疾病保障制度绩效表现出来的差异，尤其是经济绩效上的差异，本书认为主要是由统筹模式不同所致。前文介绍分析框架时对统筹模式进行了分析，统筹模式虽以医保基金的统一方式作为划分标准，但它事实上涵盖了卫生筹资、起付标准、超额累计分段补偿（报销）标准、医疗机构补偿（报销）标准、封顶线等重要的政策设计。理论上而言，较之按人群分档筹资和分档分配的“一制两档模式”，更符合“大数法则”的“一元制模式”的医保基金池更大、起付线更低、补偿（报销）比和封顶线更高、人群覆盖范围更广且无差异分配，因而能更好地促进健康公平，统筹模式成为影响制度绩效和健康公平的重要因素。

但是，我们不能轻易地做出这一研究结论。因为调研地区在经济社会发展水平和人群个体健康水平等方面有一些固有的特征差异，所观测到的制度绩效差异有可能是由调研两地人群特征差异所致，而不是由统筹模式所致。为更好地了解统筹模式对经济绩效的影响，本书使用了 Melly 基于条件分位数的回归与反事实分解方法，对医疗费用补偿（报销）金额、医疗费用补偿（报销）比的差异进行分解[①]。首先，本书先建立一个医疗费用补偿（报销）的分位数回归方程：

$$Q_\theta(y_i|x_i)=\beta^\theta x_i \tag{9.8}$$

式（9.8）中，x_i 就是医疗费用补偿（报销）模型回归中的自变量，β^θ 为系数向量。在此方程的回归结果上，将式分解为如下形式：

$$f(C_1;X_1)-f(C_0;X_0)=[f(C_1;X_1)-f(C_1;X_0)]+[f(C_1;X_0)-f(C_0;X_0)] \tag{9.9}$$

式（9.9）中，医疗费用补偿（报销）金额、医疗费用补偿（报销）比由 C 代表，自变量向量 x_i 由 X 代表，用下标 1 表示“一元制模式”，用下标 0 表示“一制两档模式”。$f^*=(C_1;X_1)$ 表示“一元制模式”中个体所获得的医疗费用补偿（报销）金额、医疗费用补偿（报销）比的边际密度函数，$f^*=(C_1;X_0)$ 则表示“一制两档模式”中个体按照“一元制模式”系数进行反事实医疗费用补偿（报销）金额、医疗费用补偿（报销）比的边际密度函数。

在这里式（9.9）事实上被分解为两个部分，前面部分代表了调研两地人群个体特征不同所导致的医疗费用补偿（报销）金额、医疗费用补偿（报销）比分布差异，我们可以称之为特征效应；后面部分代表当人群特征相同时，仅因为回归系数不同导致的医疗费用补偿（报销）金额、医疗费用补偿（报销）比分布差异，即统筹模式引起的分布差异，可以将其称为政策效应。通过分解结果，我们可以分析不同统筹模式效应差异的主成因。从分析结果上看，政策差异的影响高

---

① Blaise Melly,“Estimation of Counterfactual Distributions Using Quantile Regression”,*Review of Labor Economics* 68, no.4(January 2006):543-572.

于特征差异，采取不同统筹模式的地区，其经济绩效差异主要源自统筹模式差异，而不是特征差异（图 9-1）。这一结果，充分说明了统筹模式这一关键变量的影响。具体而言，我们可以从以下三个方面找到一些答案。

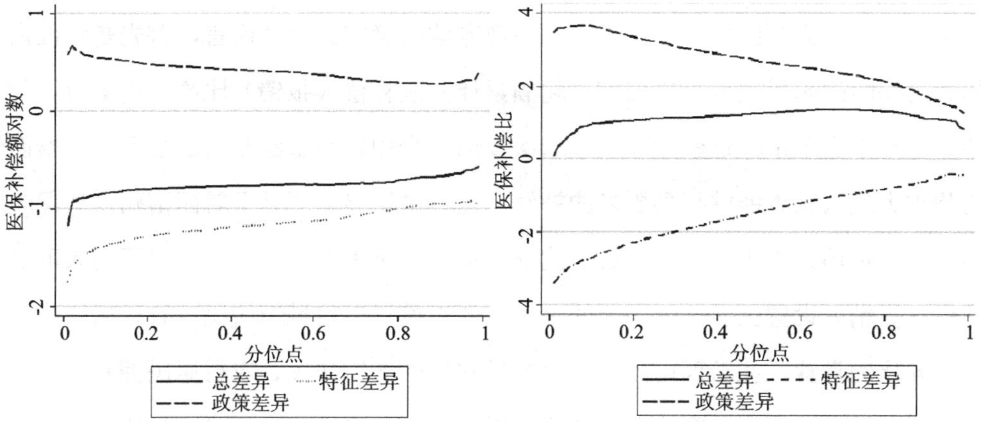

图 9-1　医疗费用补偿（报销）金额、医疗费用补偿（报销）比的分解

资料来源：根据调研数据计算得到。

一是医疗保险制度的构建基础在很大程度上决定了医保基金池的大小和补偿（报销）的公平性。首先，从“基本医疗 + 大病保险 + 医疗救助”的重大疾病保障制度整体制度设计和结构上看，大病保险是基本医保的延伸和发展，并非一项独立的制度安排。基于制度衔接的考虑，各地大病保险在制度设计时都基本上沿用了当地基本医保以往对不同身份人群的制度性安排。从基本医保的制度设计上看，作为一种过渡性政策，贵阳市“分档统一”的基本医保中存在着城居保基金池总量小于新农合基金池并且不能互济的问题。在进行整合时，只能对城镇居民、农村居民分设高低两档，即分别设置不同的筹资标准、起付线、报销比例，以保证城居保、新农合基本医保基金池的运行安全和平稳。在“大河无水小河干”的现实压力下，大病保险衔接了基本医保的制度性安排，设置了相应的两档筹资标准、起付标准、补偿标准。黔西南州城乡居民基本医疗保险制度“六个统一”实践得较早，在基本医保已整合的基础上构建了统筹城乡居民的重大疾病保险制度，制度的公平性要好于贵阳市。

二是大病保险制度设计上的差异。在前文中，笔者对贵阳市、黔西南州两地的大病保险制度基本情况已做过了较为详细的介绍，大病保险起付线以当地统计部门公布的上一年度城镇居民年人均可支配收入、农村居民年人均纯收入和医保基金运行情况为判断标准，具体金额由地方政府确定。具体而言，首先是黔西南州大病保险的起付线低于贵阳市，超额累计分段补偿（报销）比高于贵阳市，封顶线也高于贵阳市。这就使得在“二次报销”合规费用金额相同的情况下，黔西南州重大疾病患者能够得到更多的补偿，这一做法显著提升了黔西南州大病保险的补偿（报销）水平和减贫效果；此外，从两地重大疾病保障制度对不同人群的补偿（报销）设置上看，贵阳市的“一制两档模式”对城镇居民、农村居民进行了差异化的设置，在黔西南州“一元制模式”中城镇居民、农村居民拥有同样的补偿（报销）水平，从医疗费用补偿（报销）的公平性上来说“一元制模式”要好过“一制两档模式”。

三是医疗控费上的差异。医疗控费的目的不是不看病、不开药、不做检查、不收治病人，而是落实因病施治，做到合理检查、合理用药。贵阳市在基本医疗保险、大病保险管理方式上，以政府为城乡居民基本医疗保险的经办和管理主体，大病保险则通过“管办分离”、政府购买、第三方商业机构提供服务的方式进行。由于基本医疗保险、大病保险在承办机构上不同，贵阳市大病保险补偿（报销）存在一个隐性问题：作为“二次补偿”的大病保险，对重大疾病患者在基本医疗保险中产生的不合理费用不能控费。在明知基本医疗保险补偿（报销）费用中有不合理部分的情况下，大病保险不能对其追溯和扣减，只能按照分段标准进行补偿（报销）。就当前的实际而言，商业经办机构很难发挥其应有的控费作用，更多的时候是扮演一个出纳的角色，按人头的方式管理着大病保险基金。黔西南州采用的是合署办公的方式，商业经办机构在基本医保报销（补偿）时就参与了合理控费工作，提升了大病保险补偿（报销）的精准性，促进正向的分配效应，并提升制度绩效。

对贵阳市、黔西南州两地重大疾病保障制度绩效的经济绩效、健康绩效比较的研究结果表明：在经济绩效上，“一元制模式”的医疗费用补偿（报销）分配的公平性以及减贫效果要好于“一制两档模式”；在健康绩效上，“一元制模式”的健康公平性、患者的身体状况指标和医疗资源分配和使用的合理性也要好于“一制两档模式”。

在两地制度绩效差异的成因方面，本书认为重大疾病保障制度的统筹模式是造成两地制度绩效不同的制度性成因。就全国来看，各省（区、市）的重大疾病保障制度采取的统筹模式主要有本书谓之的“一元制模式”“一制两档模式”。从政策制定视角上看，重大疾病保障制度应当尽可能地消除因为身份和经济收入不同而产生的医疗卫生服务获取上的不平等，让医疗卫生资源在人群中合理分配，进而产生更高的经济绩效、健康绩效。在推进重大疾病保障制度发展和完善的过程中，政策的制定一定要结合地方实际，实事求是地考虑社会群体之间的利益平衡和社会公平，在有限的财力投入与不断扩大的保障范围和城乡居民日益提高的医疗卫生服务质量要求之间找到最佳的供需结合点。从这一点上看，“一制两档模式”没有“一元制模式”做得好。“一制两档模式”在进行统筹时，没有从医卫体制改革滞后的视角审视自身存在的问题，而是试图维护既有的制度惯性、行政部门间的利益格局，对城乡二元分割这一医卫体制改革中的问题主动回避，产生了相对较低的经济绩效、健康绩效。

第十章　全文总结

对于中国医疗卫生体系建设的总目标和各个阶段的主要任务，笔者根据城乡居民医疗保障制度发展的历史逻辑，用“三步走”进行一个主脉络的梳理和归纳：第一步，为城镇职工、城镇居民、农村居民分别建立筹资标准不同、待遇和保障水平不同的基本医疗保险制度，全力扩大参保（合）人群的覆盖面，实现“全民参保”和基本医疗卫生服务获取上的机会均等；第二步，以统筹城乡的方式建成覆盖全民的基本医疗保险制度和后续衔接制度，实现城乡居民在保险筹资、保障范围与待遇水平等方面的均等化，在努力提高保障水平的同时提升全体社会成员在医疗卫生服务上的现实获得感；第三步，以基本医保为基石，建立有层次、有纵深、高质量和以人为本的中国特色社会医疗保险制度，满足国民在实现小康后对医疗卫生服务质量公平、高质量医疗卫生服务的需求。从发展的阶段上看，目前我国正处于“三步走”中的第二步，即统筹城乡阶段。

第一节　研究结论

本书以重大疾病患者医疗卫生服务需求为起点，在公平正义理论、健康需求理论的指导下构建了“个体需求—统筹城乡—制度绩效”分析框架，从经济绩效、健康绩效两个方面考察了重大疾病保障制度的制度绩效，对不同统筹模式重大疾病保障制度绩效进行了比较，并分析了制度绩效差异及其主要成因。此次研究，为发展和完善重大疾病保障制度、医疗保障公平理论，建设中国特色医疗保障制度积累了案例与素材。

经济绩效研究的实证结果表明，重大疾病保障制度减轻了重大疾病患者的医疗费用负担，减少了患者家庭的现金卫生支出，重大疾病患者的医疗卫生服务需求得到了较好的保障。“小病拖、大病熬”和有病不医的情况已很少发生，全社会因病致贫、因病返贫的问题得到了很大的改善。医疗保险补偿（报销）收益在城乡间、不同收入阶层间的分配结果显示这一制度具有正向的分配效应，较好地满足了农村居民、低收入阶层、高健康风险重大疾病患者的基本医疗卫生服务需求，但与此同时制度中还存在着实际补偿（报销）比低、患者现金卫生支出较高、“三目录”覆盖范围窄的问题。对患者就医行为的分析表明，在多种因素的共同作用下，三级医院依旧是重大疾病患者就医的首选，这一制度在引导患者合理就医方面存在一定的不足，要进一步适当拉开不同级别医疗卫生机构之间的补偿（报销）比，落实好基层首诊制、分级诊疗和转诊制度等相关制度，加强基层医疗卫生体系的质量建设，提升重大疾病患者在基层医疗卫生机构接受诊疗服务的可及性、便利性。

健康绩效研究的实证结果表明，从健康评价的结果上看，重大疾病保障制度在减少重大疾病患者现金卫生支出的同时，改善和提高了患者的健康状况。但要注意的是，从评价结果上看存在与经济收入相关的健康不平等。对此，政府应积极探索建立以健康效果为导向的医保支付方式改革和健康绩效考核机制、“医疗体”对重大疾病患者“一站式”全程服务管理体系与利益分配机制。自理能力有序 Probit 模型回归结果表明，患者的自理能力情况较好，年龄、统筹模式、轻度抑郁、重度抑郁、恶性肿瘤（癌症）、医疗机构级别会对重大疾病患者的自理能力评价产生影响。患者自理能力弱的问题依靠群众自身很难解决，要重视社区（乡镇）卫生服务机构在患者康复治疗和健康恢复上的作用，利用好现有的社区（乡镇）医疗卫生服务资源，推进社区（乡镇）卫生服务机构服务模式转变，由专于疾病治疗转向健康管理。

对不同统筹模式重大疾病保障制度绩效比较的结果表明，在经济绩效上，“一元制模式”的医疗费用补偿（报销）分配的正向效应及减贫效果要好于“一制两档模式”；在健康绩效上，健康评价集中指数表明两种统筹模式都存在着与经济收入相关的健康不平等，非常不利于低收入人群，比较而言“一制两档模式”下的健康不平等比“一元制模式”下的更明显。对于“一元制模式”“一制两档模式”重大疾病保障制度绩效上的差异，本书认为统筹模式是十分重要的影响因素。此次研究中，统筹模式虽以医保基金的统一方式作为划分标准，但它事实上涵盖了卫生筹资、起付标准、超额累计分段补偿（报销）标准、医疗机构补偿（报销）标准、封顶线等重要的制度设计。较之按人群分档筹资、分档分配的“一制两档模式”，更符合“大数法则”的“一元制模式”医保基金池更大、起付线更低、报销补偿比和封顶线更高、人群覆盖范围更广，城乡居民无差异的共建共享更好地保障了不同身份、不同收入水平重大疾病患者的医疗卫生服务需求，并促进了健康公平。

第二节　政策建议

按前文所述，在推进重大疾病保障制度发展和完善的过程中，政策的制定一定要结合地方实际，实事求是地考虑社会群体之间的利益平衡和社会公平，在有限的财力投入与不断扩大的保障范围和城乡居民日益提高的医疗卫生服务质量要求之间找到最佳的供需结合点。此次实证研究的结果表明，“一元制模式”在实践中表现出的优势是“一制两档模式”所不具备的，“一制两档模式”未来的发展方向必然是向“一元制模式”转变。结合研究结论，本书认为贵州省可以从以下几个方面改善和提高当地重大疾病保障制度的制度绩效。

一是将大病保险建成为与基本医保并行的制度，不断提高重大疾病保障制度的保障水平。在社会医疗保险制度框架内，重大疾病保障制度由“基本医保 + 大病保险”构成。从制度衔接上看，大病保险是基本医保的拓展和延伸。在大病保险未来是否作为独立制度安排的问题上，本书认为大病保险在未来合适的时间节点和条件下，可以通过调整基本医保、大病保险的起付线、封顶线、报销范围、补偿（报销）比等进行制度设计，逐步将大病保险融入基本医保之中。在条件尚未成熟和充分具备之前，宜将大病保险先建成为与基本医保并行的一项制度。

从卫生筹资上看，《意见》对大病保险从基本医保资金中划拨的比例提出了5%左右的指导意见，并要求地方结合自身实际执行。从贵州省重大疾病保障制度的相关文件上看，其一直没有对大病保险筹资增长机制、保险费率动态调整机制提出明确的规定和要求，在实践上产生了大病统筹层次低、筹资水平与保障责任不匹配的问题。从保障范围上看，基本医保定位保障的是参保（合）人员的基本医疗卫生服务需求，大病保险是对患者高额医疗费用的“二次报销”。大病保险作为基本医疗保险的延伸和拓展，其对高额医疗费用的保障和覆盖的范围被限定在基本医保“三目录”之内，这会导致大病保险与“低保障、广覆盖”的基本医保存在功能上的重合，也会将重大疾病患者急需的一些靶向药物、特效药排除在医疗保险基金的补偿范围之外，使得部分患者的实际报销比偏低。

近年来，中央政府规定将基本医保人均财政补助新增部分中的一半用于提高大病保险保障能力，这事实上为大病保险打造了一个相对独立的筹资渠道和筹资增长机制。在有了相对稳定的医保基金增长机制之后，未来的贵州省大病保险“三目录”应有所为、有所不为。贵州省“三目录”的制定应该力求在兼顾临床需求、支持创新与基金承受能力的同时，重点考虑将一些特殊药品、“天价药”的补偿（报销）纳入补偿（报销）范围，更好减轻参保（合）重大疾病患者的医疗费用负担，在提高患者医疗费用政策补偿（报销）比的同时，实实在在地提升患者医疗费用实际补偿（报销）比。

二是稳步推进重大疾病保障制度的全民一体化，促进全体社会成员健康公平可及。前文的实证结果表明，基金池更大、起付线更低、累计分段补偿（报销）比例更高、覆盖人群范围更广的“一元制模式”相较于“一制两档模式”产生了更好的制度绩效。

从统筹城乡的视角而言，城乡间医疗保障的二元结构导致的不仅是城镇居民与农村居民间的差异，它还包含了城镇职工与城镇居民、农村居民间的差异。从发展的观点上看，重大疾病保障制度的未来发展方向必然是城镇职工与城乡居民的全民一体化。就贵州省各市（州）而言，由于经济与社会发展的程度不同、医疗保障制度基础存在着较大的差异，在重大疾病保障制度建设工作上采用“一刀切”的强力方式并不可取，可以按照“试点一批、建设一批、发展一批”的思路来稳步推进重大疾病保障制度的发展与完善工作。在已实现“一元制统筹”的地区，如黔西南州、毕节市等地，可以加快非身份管理的全民一体化重大疾病保障制度（城镇职工、城乡居民间的“六个统一”）的建设与试点工作。在做大重大疾病保障制度基金池、提高保障水平的同时，提升正向分配效应，解决由于制度设计缺陷所带来的医疗卫生服务不平等的问题，更好地保障和满足全社会重大疾病患者的医疗卫生服务需求。在已实现重大疾病保障制度“分段统一”的地区，如贵阳市、六盘水市、遵义市、铜仁市等地，应当强力推进“一元制统筹”重大疾病保障制度的建设，通过加大财政补贴等手段实现城乡居民在起付线、分段补偿（报销）标准、卫生服务标准上的统一。对于城乡发展差异大、城乡居民人口比例失衡的地区，如安顺市、黔东南苗族侗族自治州、黔南布依族苗族自治州等地，可以考虑在短期内先建立分层、筹资标准不同但保障水平一致的开放式制度作为短期内的政策过渡，允许城乡居民、城镇职工自由选择参保，保证在参保和选择医疗卫生服务上的机会均等。

三是推进重大疾病保障的“管办分离”与社商协调发展，提升政府医疗保障领域治理能力和治理体系现代化。在重大疾病保障制度的经办和管理的实践上，贵州省的基本医保业务一般由政府医保经办机构经办，大病保险业务通过政府购买第三方服务的方式委托商业机构经办，政府医保经办机构对商业机构进行业务上的指导。“分段经办”方式存在的一个隐性问题，就是大病保险的商业经办机构对患者在基本医保中所产生的不合理费用不能控费，在明知基本医保补偿（报销）费用中有不合理部分的情况下，不能对其追溯和扣减，只能是在合规医疗费用中按照分段标准进行补偿（报销），这种现象既浪费了宝贵的医保资金，同时也弱化了制度的正向分配效应。经过数年承办历练，一些商业保险机构目前已经具备了一定的社会保险经办经验和能力。在这样的条件下，可以考虑在全省推进

“基本医保 + 大病保险”的一体化商业承办，通过明确“保本微利”的原则和标准、完善政府购买服务机制与医保支持政策、构建竞争性市场机制等方式培育并壮大一批第三方服务主体，将社会机构的资本与专业优势、效率和灵活性引入社会保险领域，引导它们加强信息化、专业技术能力和人力资本投入，对重大疾病经办的事前、事中、事后进行全程监管。

在国外以社会保险为主导的重大疾病保障模式中，商业健康保险是重要的补充。商业健康保险 20 世纪 80 年代进入中国后，由于角色定位不准确、发展思路不清晰，一直没能起到丰富和发展多层次医疗保险产品与服务、填补社会医疗保险个性化高质量医疗卫生服务缺口的作用。但是，商业健康保险的社会需求是客观存在的。在实地调研走访中，笔者发现商业健康保险的筹资组织和动员能力普遍不强，重大疾病患者和普通民众对商业健康保险的认知度、接受度普遍偏低。未来一段时期内，部分市（州）可以考虑使用医疗保险基金通过团体保险的方式推动商业重大疾病保险等健康保险的快速发展，打造以社会保险为主、商业重大疾病保险为补充的重大疾病保障体系。这样做有利于发挥商业重疾险等健康保险从病种定义重大疾病且医疗卫生服务产品可选择面广的特点和优势，改变重大疾病保障制度存在的一些不足；有利于推进商业保险与健康管理、健康养护相结合，从以往较为单一的费用报销和经济补偿（报销）功能向为参保人群提供治未病、治已病、病（术）后的全方位现代健康保障管理方面不断延伸，并为将来发展商业化健康管理组织打下基础。

四是加强重大疾病保障制度与医疗救助制度的衔接，提高政策“兜底”和医疗救助的精准性。从世界范围看，各国医疗保险制度与医疗救助制度呈现出“你中有我、我中有你”相互渗透的发展趋势。从医疗救助对重大疾病患者的救助方式上看，各地主要通过降低大病保险起付线、提高补偿（报销）比的方式进行救助。对于特殊困难群众，贵州省的 9 个市（州）通过整合各路资金、加大财政补贴等方式实施了取消起付线、提高补偿（报销）比，甚至是零现金卫生支出的医疗救助政策。从政策的实施效果上看，这些政策让特殊困难群众享受到了较高的实际报销（补偿）比，减少了社会上因病致贫、因病返贫现象的发生，但与医疗保险有功能同质化的倾向。同时，这些医疗救助政策也导致了一些贫困户“为就医而就医”“小病大治”“慢病快治”等社会现象。作为“兜底”的医疗救助，仅仅关注如何进一步提高医疗费用综合报销比例是有待商榷的。

医疗救助本质上是一种救治行为，当前的政策执行中却对致贫的一个重要因素非医疗卫生支出缺乏应有的重视和措施。在重大疾病保障制度保障水平不断提高的情况下，作为“三重医疗保障”兜底的医疗救助应该回归其本意和功能。各市（州）要进一步明确城乡医疗救助范围、救助程序、救助标准等问题，综合救助家庭经济状况、自负医疗费用和医疗救助筹资情况等因素，建立健全分类分段的梯度救助模式，通过建章立制对患者家庭陪护、食宿、来回车费等非医疗卫生费用采取包干定额的方式展开专项救助，减轻患者家庭非医疗卫生费用负担，长期保障家庭的人力资本投资，并提高财政补贴的使用效率和精准性。

五是充分发挥财政补助机制、医保支付政策的杠杆效应，建立以健康效果为导向的重大疾病补偿（报销）制度。大病保险“二次报销”的特点决定了重大疾病保障制度存在着重治疗、轻康复的问题，制度仅聚焦在重大疾病患者“看得上病、看得起病”上，而忽略了“看得好病、少生病”。

“十三五”期间，贵州省各市（州）都已建立医联体，逐步形成了区域协同、信息共享、服务一体的医疗服务格局，尤其是乡镇卫生院远程医疗的全覆盖，使得优质医疗资源下沉、推动基层医疗发展成为现实，也为基层医疗卫生服务能力的改善提供了有力支撑。基于此，贵州省各市（州）应积极探索构建从诊疗到康复、从医院到社区的重大疾病患者全过程管理与服务模式；充分发挥财政补助机制、医保支付政策的杠杆效应，建立并完善以健康效果为导向的医联体内部的绩效考核机制和利益分配机制，使医联体成为服务共同体、责任共同体、利益共同体和管理共同体，辅以配套医保支付方式、居民健康效果评估，引导重大疾病患者在大医院诊断，在基层医疗机构开药和接受医疗卫生服务。这样既能够提高患者补偿（报销）比、确保医保基金的使用更加精准高效，又能更好地提升人群整体健康水平，节约医药费用。

六是加强基层医疗机构保障能力建设，改善重大疾病患者基层就医的便利性、可及性。从全国来看，城乡医疗资源配置不均，基层医疗服务平台长期建设滞后，基层首诊不力、技术能力弱的痼疾一直未能得到有效解决。实践中由于基层首诊、分级诊疗等相关配套制度不健全、实施不到位，加之基层医疗机构技术水平常年没有得到有效提升，大医院对重大疾病患者依旧有着较强的虹吸效应，重大疾病患者的医疗卫生服务需求在基层很难得到满足。

要继续加大对乡镇基层卫生院的投入，按照填平补齐的原则配全设备、推广技术、提高待遇、培养人才，让常见病等大多数病种在基层就可治愈好转，降低群众医疗费用。社区康复是整个康复机构体系中的重要组成部分，肩负着疾病恢复期、慢性病患者康复治疗以及健康恢复的重要职责。社区康复同时又是家庭康复、康复养老以及病人恢复健康回归社会的紧密交会点，是通向社会大健康的最后一公里。要利用好现有的社区（乡镇）医疗卫生服务资源，推进社区（乡镇）卫生服务机构服务模式转变，由专于疾病治疗转向全生命周期的健康管理；为城乡居民提供“质优价廉”的健康管理服务及心理护理、健康教育，改善重大疾病患者基层就医的便利性、可及性。

以上六条建议虽然是就如何改善和提升贵州省城乡居民重大疾病保障制度绩效提出的，但其中的“将大病保险建成为与基本医保并行的制度、稳步推进重大疾病保障制度的全民一体化、加强重大疾病保障制度与医疗救助制度的衔接、加强基层医疗机构保障能力建设”四条建议，本书认为对全国尚未实现“一元制统筹”的地区而言是具有一定普适性的，“大数法则”决定了城乡统筹医保基金的层次越高、覆盖人群越广，对于发挥医疗保险正向的分配效应、健康效应并促进社会健康公平越具有积极作用，这也是中央政府提倡打破城乡二元结构、解决三大医保制度“碎片化”和推进“六个统一”的主要原因之一。

第三节　研究展望

本书对重大疾病保障制度绩效进行了尝试性的探索与研究，由于数据资料所限，本书仍存在很多不足之处。下一步的研究应当向以下几个方面拓展：一是建立面板数据，对重大疾病保障制度的制度绩效进行研究；二是将重大疾病保障制度在提升管理效率、管理效能方面的内容和成效纳入制度绩效的研究之中；三是对城职保、城居保、新农合“三合一”和城居保、新农合“二合一”中的“一制一档”“一制多档”模式进行比较研究。

参考文献

（一）中文著作

[1] 阿马蒂亚·森．以自由看待发展 [M]. 任赜，于真，译．北京：中国人民大学出版社，2002.

[2] 阿兰·J. 奥尔巴克，马丁·费尔德斯坦．公共经济学手册 [M]. 匡小平，黄毅，译．北京：经济科学出版社，2005.

[3] 保罗·J. 费尔德斯坦．卫生保健经济学 [M]. 费朝晖，李卫平，王梅，等，译．北京：经济科学出版社，1998.

[4] 贝弗里奇．贝弗里奇报告：社会保险和相关服务 [M]. 劳动和社会保障部社会保险研究所，译．北京：中国劳动社会保障出版社，2008.

[5] 蔡昉，都阳，高文书，等．劳动经济学：理论与中国现实 [M]. 北京：北京师范大学出版社，2009.

[6] 蔡江南．医疗卫生体制改革的国际经验：世界二十国（地区）医疗卫生体制改革概览 [M]. 上海：上海科学技术出版社，2016.

[7] 陈潭．公共政策学原理 [M]. 武汉：武汉大学出版社，2008.

[8] 陈文辉．我国城乡居民大病保险发展模式研究 [M]. 北京：中国经济出版社，2013.

[9] 冯瑞，李良．保险基础与实务 [M]. 北京：北京大学出版社，2008.

[10] 顾海．中国城镇化进程中统筹城乡医疗保障制度研究：模式选择与效应评估 [M]. 北京：中国劳动社会保障出版社，2013.

[11] 顾昕．新医改的公益性路径 [M]. 云南：云南教育出版社，2013.

[12] 葛延风，贡森．中国医改：问题、根源、出路 [M]. 北京：中国发展出版社，2007.

[13] 何平平 . 医疗费用增长因素研究 [M]. 长沙：湖南大学出版社，2012.

[14] 杰弗里 • M. 伍德里奇 . 计量经济学导论 [M]. 张成思，李红，张步昙，译 . 北京：中国人民大学出版社，2015.

[15] 杰里米 • 边沁 . 道德与立法原理导论 [M]. 时殷弘，译 . 北京：商务印书馆，2000.

[16] 刘岚 . 医疗保障：制度模式与改革方向 [M]. 北京：中国社会出版社，2007.

[17] 林嘉，张世诚 . 社会保险立法研究 [M]. 北京：中国劳动社会保障出版社，2011.

[18] 刘俊香 . 基本医疗卫生服务改革的公平性研究 [M]. 北京：清华大学出版社，2017.

[19] 刘经纶 . 重大疾病保险 [M]. 北京：中国金融出版社，2000.

[20] 卢洪友，卢盛峰 . 公共品定价机理研究 [M]. 北京：人民出版社，2011.

[21] 罗纳德 • 德沃金 . 至上的美德 [M]. 冯克利，译 . 南京：江苏人民出版社，2003.

[22] 莫达尔 • N. 古亚拉提 . 经济计量学精要 [M]. 张涛，译 . 北京：机械工业出版社，2014.

[23] 米尔顿 • 弗里德曼 . 价格理论 [M]. 鲁晓龙，李想，等，译 . 北京：商务印书馆，1994.

[24] 米尔顿 • 弗里德曼 . 自由选择 [M]. 张琦，译 . 北京：机械工业出版社，2016.

[25] GILBERT N，TERRELL P. 社会福利政策导论 [M]. 黄晨熹，等，译 . 上海：华东理工大学出版社，2003.

[26] 闫蕊，黄桂霞 . 重大疾病医疗保障制度研究 [M]. 北京：中国劳动社会保障出版社，2017.

[27] 舍曼 • 富兰德，艾伦 • C. 古德曼，迈伦 • 斯坦诺 . 卫生经济学 [M]. 王健，等，译 . 北京：中国人民大学出版社，2011.

[28] 沈世勇 . 社会医疗保险基金收支的可持续性透析 [M]. 上海 : 上海交通大学出版社，2014.

[29] 宋明岷 . 社会保障基金管理 : 理论、实践与案例 [M]. 上海 : 上海复旦大学出版社，2012.

[30] 宋占军 . 城乡居民大病保险政策评估与制度优化研究 [M]. 北京 : 经济科学出版社，2018.

[31] 翁小丹 . 医疗保险的基础风险与医疗保障制度建设 [M]. 北京 : 经济管理出版社，2010.

[32] 乌尔里希 • 贝克 . 风险社会 [M]. 何博闻，译 . 南京 : 译林出版社，2004.

[33] 项丽 . 中国重大疾病医疗保障理论与实践 [M]. 北京 : 科学出版社，2016.

[34] 徐伟 . 我国城镇基本医疗保险体系完善研究 : 基于筹资与补偿的角度 [M]. 北京 : 科学出版社，2015.

[35] 杨辉 . 公平视角的我国城镇社会医疗保险制度研究 [M]. 杭州 : 浙江工商大学出版社，2010.

[36] 于保荣 . 医改之路 : 国际经验与支付方式 [M]. 济南 : 山东大学出版社，2009.

[37] 俞卫 . 卫生经济学专题研究 [M]. 上海 : 复旦大学出版社，2013.

[38] 约瑟夫 • E. 斯蒂格利茨 . 公共部门经济学 [M]. 郭庆旺，等，译 . 北京 : 中国人民大学出版社，2013.

[39] 约翰 • 罗尔斯 . 正义论 [M]. 何怀宏，何包钢，廖申白，译 . 北京 : 中国社会科学出版社，2016.

[40] 约翰 • E. 罗默 . 分配正义论 [M]. 张晋华，吴萍，译 . 北京 : 社会科学文献出版社，2017.

[41] 詹姆斯 • 亨德森 . 健康经济学 [M]. 向运华，钟建威，季华璐，等，译 . 北京 : 人民邮电出版社，2008.

[42] 张晓，黄明安 . 医疗保险国际比较 [M]. 北京 : 科学出版社，2015.

[43] 郑功成 . 中国社会保障制度变迁与评估 [M]. 北京：中国人民大学出版社，2002.

[44] 郑功成 . 中国社会保障改革与发展战略：理念、目标与行动方案 [M]. 北京：人民出版社，2008.

[45] 郑功成，贝克尔 . 社会保障研究 [M]. 北京：中国劳动社会保障出版社，2005.

[46] 中国医改发展报告编撰委员会 . 中国医改发展报告（2009—2014）[M]. 北京：中国协和医科大学出版社，2015.

[47] 林德尔 • G. 霍尔库姆 . 公共经济学：政府在国家经济中的作用 [M]. 顾建光，译 . 北京：中国人民大学出版社，2012.

（二）外文著作

[1] CAVAGNERO E.Health financing in Argentina：an empirical study of health care expenditure and utilization[M]. Geneva：World Health Organization，2006.

[2] DANIELS N.Just health care[M]. M.A.：Cambridge University Press，1985.

[3] DEAN T J，JOHN R E，TIMOTHY K，et al. China：the health sector[M]. Washington D.C.：The World Bank，1984.

[4] DWORKIN R.Taking rights seriously[M]. M.A.：Harvard University Press，1977.

[5] FELDSTEIN P J.Health care economics[M]. Albany：Delmar Publishers，2011.

[6] HUGHES O E. Public management and administration ：an introduction[M]. Houndmills：Palgrave，2003.

[7] LINDELOW M，ADAM W.Health shocks in China：are the poor and uninsured less protected？ [M].Washington D.C.：The World Bank，2005.

[8] MAHAL A，ANUP K，MICHAEL E.The economic implications of non-communicable disease for India[M]. Washington D.C.：The World Bank，2010.

[9] MENDOLA M，CARYN B，MICHELE G.The impovershing effect of adverse

healthevents：Evidence from the Western Balkans[M]. Washington D.C.：The World Bank，2008.

[10] MOONEY G. Economics, medicine and health care[M]. Brighton：Wheatsheaf，1986.

[11] NORMAN D.Benchmarks of fairness for care[M]. N.Y.：Oxford Universty Press，1985.

[12] PHELPS C E.Health economics[M]. N.Y.：Addison Wesley Educational PubliShers Inc，2012.

[13] RAWLS J. Justice as fairness：a restatement[M]. M.A.：Harvard University Press，2001.

[14] RAWLS J. A theory of justice[M]. M.A.：Harvard University Press，2009.

[15] ROEMER J E.Theories of distributive justice[M]. M.A.：Harvard University Press，1998.

[16] SHAW R P，CHARLES C，GBANCO M. Financing health care in sub-Saharan Africa through user fees and insurance[M]. Washington D.C.：The World Bank，1995.

[17] WAGSTAFF A，EDDY V D.Paying for health care：quantifying fairness，catastrophe，and impoverishment，with applications to Vietnam，1993—98[M]. Washington D.C.：World Bank Publications，2001.

[18] WAGSTAFF A，MENNO P.Health insurance impacts on health and nonmedical consumption in a developing country[M]. Washington D.C.：World Bank Publications，2005.

[19] MURRAY C J，EVANS D B，DAVID B.Health systems performance assessment：debates，methods and empiricism[M]. Geneva：World Health Organization，2003.

（三）中文论文

[1] 白重恩，李宏彬，吴斌珍 . 医疗保险与消费：来自新型农村合作医疗的证据 [J]. 经济研究，2012（2）：41-53.

[2] 曹克奇 . 部门利益与法律控制：我国城乡医保管理统筹的路径选择 [J]. 社会保障研究，2013（1）：148-156.

[3] 陈华，邓佩云 . 城镇职工基本医疗保险的健康绩效研究：基于 chns 数据 [J]. 社会保障研究，2016（4）：44-52.

[4] 陈仁友，尹爱田，赵文静，等 . 滕州市农村居民灾难性卫生支出影响因素研究 [J]. 中国卫生经济，2012（3）：21-23.

[5] 陈瑶，熊先军，刘国恩，等 . 我国医疗保险对城镇居民直接疾病经济负担影响研究 [J]. 中国卫生经济，2009（2）：13-16.

[6] 程斌，崔雅茹，任静 . 城乡居民基本医疗保险筹资待遇统一模式分析 [J]. 中国农村卫生事业管理，2019（1）：36-40.

[7] 程令国，张晔 ."新农合"：经济绩效还是健康绩效？ [J]. 经济研究，2012（1）：14.

[8] 仇雨临，郝佳，龚文君 . 统筹城乡医疗保障制度的模式与思考：以太仓、成都为例 [J]. 湖北大学学报（哲学社会科学版），2010（2）：104-109.

[9] 仇雨临，翟绍果，郝佳 . 城乡医疗保障的统筹发展研究：理论、实证与对策 [J]. 中国软科学，2011（4）：13.

[10] 仇雨临，张忠朝 . 贵州少数民族地区医疗保障反贫困研究 [J]. 国家行政学院学报，2016（3）：69-75.

[11] 褚福灵 . 整合城乡医保管理体制的意义与思路 [J]. 中国医疗保险，2015（2）：13-16.

[12] 褚福灵 . 灾难性医疗支出研究 [J]. 中国医疗保险，2016（3）：24-26.

[13] 丁晗玥，杨玉洁，程萱，等 .EQ-5D-3L 和 FACT 量表对北京癌症及癌前病变患者生活质量评估的信度和效度研究 [J]. 肿瘤，2017（9）：953-959.

[14] 丁一磊，杨妮超，顾海 . 中国农村居民重大疾病保障制度评价指标体系构建及运行效果分析：以东中西部 101 个医保统筹地区为例 [J]. 南京农业大学学报（社会科学版），2017（6）：53-63，168.

[15] 方豪，赵郁馨，王建生，等 . 卫生筹资公平性研究：家庭灾难性卫生支出分析 [J]. 中国卫生经济，2003（6）：11-13.

[16] 封进，秦蓓 . 中国农村医疗消费行为变化及其政策含义 [J]. 世界经济文汇，2006（1）：75-88.

[17] 高广颖，梁民琳，陈治水，等 . 试论新农合与居民医保一体化管理的条件和原则分析 [J]. 中国卫生经济，2011（7）：49-51.

[18] 顾海 . 大病医保，太仓提供了什么经验？ [J]. 社会观察，2012（11）：38-39.

[19] 顾海 . 中国统筹城乡医疗保障制度模式与路径选择 [J]. 学海，2014（1）：45-51.

[20] 顾海，胡大洋，李佳佳 . 江苏省构建城乡医保统筹制度研究 [J]. 江苏社会科学，2009（6）：96-101.

[21] 顾海，李佳佳 . 城乡医疗保障制度的统筹模式分析：基于福利效应视角 [J]. 南京农业大学学报（社会科学版），2012（1）：112-117.

[22] 顾海，孙军 . 统筹城乡医保制度绩效研究 [J]. 东岳论丛，2016（10）：37-43

[23] 何文炯 . 大病保险运行机制四大问题 [J]. 中国社会保障，2014（6）：71-73.

[24] 洪兴建 . 贫困指数理论研究述评 [J]. 经济评论，2005（5）：112-117.

[25] 胡海燕，谌卫，贾猛，等 . 中文版欧洲五维健康量表在慢性肾脏病患者中的信效度研究 [J]. 中国中西医结合肾病杂志，2012（8）：690-693.

[26] 胡宏伟，刘国恩 . 城镇居民医疗保险对国民健康的影响效应与机制 [J]. 南方经济，2012（10）：186-199.

[27] 黄枫，吴纯杰 . 中国医疗保险对城镇老年人死亡率的影响 [J]. 南开经济研

究，2009（6）：126-137.

[28] 黄术生，尹爱田．山东省农村家庭灾难性卫生支出及其影响因素 [J]. 中国公共卫生，2018（9）：1221-1223.

[29] 解垩．医疗保险与城乡反贫困：1989—2006[J]. 财经研究，2008（12）：70-85.

[30] 解垩．与收入相关的健康及医疗服务利用不平等研究 [J]. 经济研究，2009（2）：93-106.

[31] 仇雨临．统筹城乡医保的困境与出路 [J]. 中国医疗保险，2012（4）：11-13.

[32] 李谧，苏丽娜，徐凌忠．基于 EQ-5D 效用值积分体系的山东省贫困人群健康相关生命质量研究 [J]. 山东大学学报（医学版），2017（12）：71-76.

[33] 李亚青．社会医疗保险财政补贴增长及可持续性研究：以医保制度整合为背景 [J]. 公共管理学报，2015（1）：70-83.

[34] 梁鸿，贺小林．基本医疗保险绩效管理：理念、目标与策略的思考 [J]. 中国医疗保险，2012（2）：15-18.

[35] 林森．城乡医疗保险制度整合的实践与思考 [J]. 长春大学学报，2013（1）：5-9.

[36] 刘洪清．城乡居民医保网呼之欲出 [J]. 中国社会保障，2007（4）：8-10.

[37] 刘腾．论中国首套重大疾病经验发生率表的影响 [J]. 特区经济，2014（9）：229-231.

[38] 刘彤彤，周绿林，詹长春，等．大病保险实施效果评价指标体系构建及应用 [J]. 中国卫生经济，2018（9）：27-29.

[39] 刘颖，任苒．大病卫生支出及其影响 [J]. 中国卫生经济，2010（3）：37-39.

[40] 罗楚亮．城镇居民健康差异与医疗支出行为 [J]. 财经研究，2008（10）：63-75.

[41] 马超，顾海，孙徐辉．参合更高档次的医疗保险能促进健康吗？：来自城乡医保统筹自然实验的证据 [J]. 公共管理学报，2015（2）：106-118.

[42] 齐良书，李子奈 . 与收入相关的健康和医疗服务利用流动性 [J]. 经济研究，2011（9）：83-95.

[43] 饶克勤 . 中国城市居民医疗服务利用影响因素的研究：四步模型法的基本理论及其应用 [J]. 中国卫生统计，2000（2）：70-73.

[44] 申曙光 . 全民基本医疗保险制度整合的理论思考与路径构想 [J]. 学海，2014（1）：52-58.

[45] 申曙光，彭浩然 . 全民医保的实现路径：基于公平视角的思考 [J]. 中国人民大学学报，2009（2）：18-23.

[46] 宋占军 . 城乡居民大病保险运行评析 [J]. 保险研究，2014（10）：98-107.

[47] 宋占军，朱铭来 . 大病保险制度推广对各地城居医保基金可持续性的影响 [J]. 保险研究，2014（1）：98-107.

[48] 孙淑云 . 顶层设计城乡医保制度：自上而下有效实施整合 [J]. 中国农村观察，2015（3）：16-23.

[49] 孙志刚 . 实施大病保险是减轻人民就医负担的关键 [J]. 行政管理改革，2012（12）：54-57.

[50] 陶四海，赵郁馨，万泉，等 . 灾难性卫生支出分析方法研究 [J]. 中国卫生经济，2004（4）：9-11.

[51] 王红漫，陈燕婧，林楠 . 我国医疗保障制度城乡统筹实证研究：山东省居民社会医疗保险满意度调查及自由选择医保制度可行性分析 [J]. 国外医学（卫生经济分册），2014（2）：70-76.

[52] 王黔京 . 贵州城乡居民大病保险实施效果评价及对策研究：基于首批试点三个市（州）的实地调研 [J]. 贵阳市委党校学报，2018（3）：1-9.

[53] 王翌秋，徐登涛 . 新型农村合作医疗保险受益公平性研究：基于 charls 数据的实证分析 [J]. 江苏农业科学，2019（3）：311-314.

[54] 伍红艳，刘国恩，官海静 .EQ-5D 健康量表效用积分体系的构建研究：基于我国西南地区的实证分析 [J]. 中国药房，2016（14）：1881.

[55] 武铁群，刘括，唐迅，等. 采用欧洲五维健康量表测量北京郊区老年人健康效用的实证研究 [J]. 北京大学学报（医学版），2012（3）：397-402.

[56] 夏迎秋，景鑫亮，段沁江. 我国城乡居民基本医疗保险制度衔接的现状、问题与建议 [J]. 中国卫生政策研究，2010（1）：43-48.

[57] 熊先军，孟伟，严霄，等. 医保城乡统筹的路径走势：统筹城乡基本医疗保险制度与管理系列之一 [J]. 中国社会保障，2011（6）：73-75.

[58] 徐芳. 医疗保险制度绩效评估的实证研究：基于模糊综合评价的方法 [J]. 甘肃行政学院学报，2013（1）：4-9.

[59] 徐文娟，褚福灵. 灾难性卫生支出水平及影响因素研究：基于 charls 数据的分析 [J]. 社会保障研究，2018（5）：64-72.

[60] 闫菊娥，郝妮娜，廖胜敏，等. 新医改前后农村家庭灾难性卫生支出变化及影响因素：基于陕西省眉县的抽样调查 [J]. 中国卫生政策研究，2013（2）：30-33.

[61] 严妮，胡瑞宁. 基于城乡居民医保整合背景的全民医保制度反思 [J]. 社会保障研究，2017（3）：40-47.

[62] 易沛，张伟. 城乡居民医保制度整合标准的可持续性研究：基于“一制一档”与“一制多档”的比较 [J]. 公共管理学报，2018（4）：85-95，158.

[63] 于大川，吴玉锋，赵小仕. 社会医疗保险对老年人医疗消费与健康的影响：制度效应评估与作用机制分析 [J]. 金融经济学研究，2019（1）：149-160.

[64] 于长永. 农民对新型农村合作医疗的福利认同及其影响因素 [J]. 中国农村经济，2012（4）：76-86.

[65] 喻子畅. 医保制度改革：从城镇保障到城乡统筹：医疗保障“马鞍山模式”研究 [J]. 社会保障研究，2010（1）：79-82.

[66] 臧文斌，刘国恩，徐菲，等. 中国城镇居民基本医疗保险对家庭消费的影响 [J]. 经济研究，2012（7）：75-85.

[67] 臧文斌，赵绍阳，刘国恩 . 城镇基本医疗保险中逆向选择的检验 [J]. 经济学（季刊），2013（1）：51-74.

[68] 詹春柳，祖述宪 . 兰德健康保险实验简介 [J]. 国外医学（卫生经济分册），1989（3）：21-24.

[69] 张广科 . 新型农村合作医疗制度支撑能力及其评价 [J]. 中国人口科学，2008（1）：83-92.

[70] 赵绍阳，臧文斌，傅十和，等 . 强制医保制度下无保险人群的健康状况研究 [J]. 经济研究，2013（7）：118-131.

[71] 赵绍阳，臧文斌，尹庆双 . 医疗保障水平的福利效果 [J]. 经济研究，2015（8）：130-145.

[72] 周钦，臧文斌，刘国恩 . 医疗保障水平与中国家庭的医疗经济风险 [J]. 保险研究，2013（7）：95-107.

[73] 朱铭来，宋占军，王歆 . 大病保险补偿模式的思考：基于天津市城乡居民住院数据的实证分析 [J]. 保险研究，2013（1）：97-105.

[74] 宗世平 . 阿拉木图宣言和医学教育 [J]. 医学与哲学，1986（4）：3-4.

（四）外文论文

[1] ACHARYA A，VELLAKKAL S，FIONA T，et al. The impact of health insurance schemes for the informal sector in low-and middle-income countries：a systematic review[J].Policy research working paper，2013，28（2）：236-266.

[2] ADHIKARI S R，MASKAY N M，SHARMA B P. Paying for hospital-based care of kala-azar in Nepal：assessing catastrophic，impoverishment and economic consequences[J].Health policy plan，2009，14（2）：129-139.

[3] AYANIAN J Z.Unmet health needs of uninsured adults in the United States[J]. Jama，2000，284（16）：2061-2069.

[4] BAIRD K. High out-of-pocket medical spending among the poor and elderly in nine developed countries[J].Health services research，2016（4）：1467-1488.

[5] BALABANOVA D，BAYARD R，ERICA R，et al.Health care reform in the former soviet Union：beyond the transition[J].Health services research，2012，47（2）：840-864.

[6] BECKER G S.A theory of allocation of time[J].Economic journal，1965，75（299）：493-517.

[7] BEEGLE K.Labor effects of adult mortality in Tanzanian households[J].Economic development & cultural change，2005，92（1）：655-683.

[8] BIXENSTINE P J，SHORE A D，MEHTSUN W T，et al.Catastrophic medical malpractice payouts in the United States[J].Journal for health care quality，2014，36（4）：43-53.

[9] BORAH B J.A mixed logit model of health care provider choice：analysis of NSS data for rural India[J].Health economics，2006，15（9）：915-932.

[10] CALLANDER E J，FOX H，LINDSAY D.Out-of-pocket healthcare expenditure in Australia：trends，inequalities and the impact on household living standards in a high-income country with a universal health care system[J].Health economics review，2019，9（1）：1-8.

[11] AMERON A C，TRIVEDI P K，PIGGOTT F M.A microeconometric model of the demand for health care and health insurance in Australia[J].Review of economic studies，1988，55（1）：85-106.

[12] CARRIN G.Social health insurance in developing countries：a continuing challenge[J].International social security review，2010，55（2）：57-69.

[13] CASTANO R A，ARBELAEZ J J，GIEDION U B，et al.Equitable financing，out-of-pocket payments and the role of health care reform in Colombia[J]. Health policy & planning，2002，17（suppl_1）：5-11.

[14] CHANG A Y，KRYCIA C，ANGELA E M，et al.Past，present，and future of global health financing：a review of development assistance，government，out-

of-pocket，and other private spending on health for 195 countries，1995—2050[J].The lancet，2019，393（10187）：2233-2260.

[15] CHANG F R.Uncertainty and investment in health[J].Journal of health economics，1996，15（3）：369-376.

[16] CHOI J W，CHOI J W，KIM J H，et al.Association between chronic disease and catastrophic health expenditure in Korea[J].BMC health services research，2015，15（1）：26.

[17] CHOWDHURY S.Financial burden of transient morbidity：a case study of slums in Delhi[J].Economic & political weekly，2011，46（33）：59-66.

[18] CROPPER M L.Health，investment in health，and occupational choice[J].Journal of political economy，1977，85（6）：1273-1294.

[19] CUTLER D M，REBER S. Paying for health insurance：the tradeoff between competition and adverse selection[J].Social science electronic publishing，1998，113（2）：433-466.

[20] DAMME W V，LEEMPUT L V，POR I，et al.Out-of-pocket health expenditure and debt in poor households：evidence from Cambodia[J]. Tropical medicine & international health，2010，9（2）：273-280.

[21] DARDANONI V，WAGSTAFF A.Uncertainty and the demand for medical care[J].Journal of health economics，1990，9（1）：23-38.

[22] VOGLI R D.Book：status syndrome：how your social standing directly affects your health and life expectancy[J].British medical journal，2004，329（7462）：408.

[23] EADDY M T，COOK C L，O'DAY K，et al.How patient cost-Sharing trends affect adherence and outcomes：a literature review[J].P&T：a peer-reviewed journal for formulary management，2012，37（1）：45-55.

[24] EDOKA I，MCPAKE B，ENSOR T，et al.Changes in catastrophic health ex-

penditure in post-conflict Sierra Leone：an Oaxaca-Blinder decomposition analysis[J].International journal for equity in health，2017，16（1）：166-181.

[25] EKMAN B.Catastrophic health payments and health insurance：some counter intuitive evidence from one low-income country[J]. Health policy，2007，83（2-3）：304-313.

[26] FILMER D，JEFFREY S H，LANT H P.Weak links in the Chain Ⅱ：a prescription for health policy in poor countries[J].The world bank research observer，2002，17（1）：47-66.

[27] FINKELSTEIN A，TAUBMAN S，WRIGHT B，et al.The oregon health insurance experiment：evidence from the first year[J].The quarterly journal of economics，2012，127（3）：1057-1106.

[28] FISHER E S. Medical care：is more always better？[J].New England journal of medicine，2003，349（17）：1665-1667.

[29] FLORES G，KRISHNAKUMAR J，O'DONNELL O，et al.Coping with health-care costs：implications for the measurement of catastrophic expenditures and poverty[J].Health economics，2010，17（12）：1393-1412.

[30] GERTLER P，GRUBER J.Insuring consumption against illness[J]. Social science electronic publishing，2002，92（1）：51-70.

[31] GOLDMAN D，MAESTAS N.Medical expenditure risk and household portfolio choice[J].Journal of applied econometrics，2013，28（4）：527-550.

[32] GOLDMAN H H，FRANK R G，BURNAM M A，et al.Behavioral health insurance parity for federal employees[J].New England journal of medicine，2006，354（13）：1378-1386.

[33] GOODMAN A C，MIRON S，JOHN M T.Household production of health investment：analysis and applications[J].Southern economic journal，1999，65（4）：791-806.

[34] GRIGORAKIS N，FLOROS C，TSANGARI H，et al.Out of pocket payments and social health insurance for private hospital care：evidence from Greece[J]. Health policy，2016，120（8）：948-959.

[35] GROSSMAN M.On the concept of health capital and the demand for health[J]. Journal of political economy，1972，80（2）：223-255.

[36] HERRMAN H，PATRICK D L，DIEHR P，et al.Longitudinal investigation of depression outcomes in primary care in six countries：the LIDO study. Functional status，health service use and treatment of people with depressive symptoms[J].Psychological medicine，2002，32（05）：889-902.

[37] HOLAHAN J，ZEDLEWSKI S R.Who pays for health care in the United States？ Implications for health system reform[J].Inquiry a journal of medical care organization provision & financing，2000，29（2）：231-248.

[38] JACOBSON L.The family as producer of health：an extended grossman model[J].Journal of health economics，1992，19（5）：611-637.

[39] JANSSEN R，DOORSLAER E V，Wagstaff A. Health insurance reform in the netherlands and the progressivity of health care finance[J].Economic and social review，1994，25（4）：303-320.

[40] KANG M S，JANG H S，LEE M，et al.Sustainability of Korean national health insurance[J].Journal of Korean medical science，2012，27（Suppl）：21-24.

[41] ANUP K，MICHAEL E，AJAY M.The household-level economic burden of heart disease in India[J].Tropical medicine & international health，2014，19（5）：581-591.

[42] KATON W，SCHULBERG H.Epidemiology of depression in primary care[J]. General hospital psychiatry，1992，14（4）：237-247.

[43] KAWABATA K，XU K，CARRIN G.Preventing impoverishment through pro-

tection against catastrophic health expenditure[J]. Bulletin of the world health organization，2002，80（8）：612-613.

[44] KEELER E B，ROLPH J E. The demand for episodes of treatment in the Health Insurance Experiment[J].Journal of health economics，1988，7（4）：337-367.

[45] LAIRSON D R，HINDSON P，HAUQUITZ A，et al.Equity of health care in Australia[J].Social science & medicine，1995，41（4）：475-482.

[46] LEI X，LIN W.The new cooperative medical scheme in rural China：does more coverage mean more service and better health？[J].Health economics，2009，18（S2）：25-46.

[47] LEIVE A.Coping with out-of-pocket health payments：empirical evidence from 15 African countries[J].Bulletin of the world health organization，2008，86（11）：849-856.

[48] LILJAS B.The demand for health with uncertainty and insurance[J].Journal of health economics，1998，17（2）：153-170.

[49] LIMWATTANANON S.Catastrophic and poverty impacts of health payments：results from national household surveys in Thailand[J]. Bulletin of the world health organization，2007，85（8）：600-606.

[50] MAHAL A，KARAN A，FAN V Y，et al.The economic burden of cancers on Indian households[J].Plos one，2013（8）：e71853.

[51] MANNING W G E A. Health insurance and the demand for medical care：evidence from a randomized experiment[J].American economic review，1987，77（3）：251-277.

[52] MCINTYRE D，THIEDE M，DAHLGREN G，et al.What are the economic consequences for households of illness and of paying for health care in low-and middle-income country contexts？[J].Social science & medicine，2006，62（4）：858-865.

[53] MELLY B.Estimation of counterfactual distributions using quantile regression[J].Review of labor economics，2006，68（4）：543-572.

[54] MENG Q，LING X，ZHANG Y G，et al.Trends in access to health services and financial protection in China between 2003 and 2011：a cross-sectional study[J].The lancet，2012，379（9818）：805-814.

[55] MOSSEY J M，SHAPIRO E.Self-rated health：a predictor of mortality among the elderly[J].American journal of public health，1982，72（8）：800-808.

[56] MUSGROVE P.Public spending on health care：how are different criteria related？[J].Health policy，1999，47（3）：207-223.

[57] MUSHKIN S J.Health as an investment[J].Journal of political economy，1962，70（5pt2）：129-157.

[58] MUURINEN J M.Demand for health. A generalised Grossman model[J].Journal of health economics，1982，1（1）：5-28.

[59] NEWHOUSE J P.Toward a theory of nonprofit institutions：an economic model of a hospital[J].American economic review，1970，1（60）：64-74.

[60] O'DONNELL O，EDDY V D，RAVI P R-E，et al.The incidence of public spending on healthcare：comparative evidence from Asia[J].The world bank economic review，2007，21（1）：93-123.

[61] PINAR K M，GEOFFREY F J，DANA P G，et al.Cost sharing，family health care burden，and the use of specialty drugs for rheumatoid arthritis[J].Health services research，2010，45（5p1）：1227-1250.

[62] PELLEGRINI F A.The world conference on social determinants of health[J].Cad saude publica，2011，27（11）：2080-2082.

[63] POHLMEIER W，VOLKER U.An econometric model of the two-part decision-making process in the demand for health care[J].Journal of human resources，1995，30（2）：339-361.

[64] POLE J D.The demand for health：a theoretical and empirical investigation[J]. Journal of the royal statistical society：series a（General），1974，137（2）：279-280.

[65] PRADHAN M，NICHOLAS P.Social risk management options for medical Care in Indonesia[J].Health economics，2002，11（5）：431-446.

[66] QIAN D F，RAYMOND W P，AITIAN Y，et al.Determinants of health care demand in poor，rural China：the case of Gansu province[J].Health policy and planning，2009，24（5）：324-334.

[67] RANSON M K.Reduction of catastrophic health care expenditures by a community-based health insurance scheme in Gujarat，India：current experiences and challenges[J].Bulletin of the world health organization，2002，80（8）：613-621.

[68] ROSETT R N，LIEN-FU H.The effect of health insurance on the demand for medical care[J].Journal of political economy，1973，81（2pt1）：281-305.

[69] RUBIN E B，ANNA E B，SCOTT D H.States worse than death among hospitalized patients with serious illnesses[J].JAMA internal medicine，2016，176（10）：1557-1559.

[70] RUSSELL S.Illuminating cases：understanding the economic burden of illness through case study household research[J].Health policy and planning，2005，20（5）：277-289.

[71] SAPELLI C，BERNARDITA V.Self-selection and moral hazard in Chilean health insurance[J].Journal of health economics，2003，22（3）：459-476.

[72] SCHOEN C，ROBIN O，DAVID S，et al.How health insurance design affects access to care and costs，by income，in eleven countries[J].Health affairs，2010，29（12）：2323-2334.

[73] SCHULTZ T W.Investment in human capital[J].American economic review，

1961，51（1）：1-17.

[74] SOMKOTRA T，LEIZEL P L.Which households are at risk of catastrophic health spending：experience in Thailand after universal coverage[J].Health affairs，2009，28（S1）：467-478.

[75] SU T T，BOCAR K，STEFFEN F.Catastrophic household expenditure for health care in a low-income society：a study from Nouna District，Burkina Faso[J].Bulletin of the world health organization，2006，84（1）：21-27.

[76] THEIL H，MYRON S.Forecast evaluation based on a multiplicative decomposition of mean square errors[J].Econometrica：journal of the econometric society，1967，35（1）：70-88.

[77] ÜSTÜN T B，RON C K.Global burden of depressive disorders：the issue of duration[J].The British journal of psychiatry，2002，181（3）：181-183.

[78] VAN D E，OWEN O，RAVI P R-E，et al.Effect of payments for health care on poverty estimates in 11 countries in Asia：an analysis of household survey data[J].The lancet，2006，368（9544）：1357-1364.

[79] VAN DOORSLAERE，OWEN O，RAVINDRA P R E，et al.Catastrophic payments for health care in Asia[J].Health economics，2007，16（11）：1159-1184.

[80] VAN MINH H，NGUYEN THI K P，PRIYANKA S，et al.Financial burden of household out-of pocket health expenditure in Viet Nam：findings from the national living standard survey 2002—2010[J].Social science & medicine，2013，（96）1：258-263.

[81] VAN R，ROGIER M，SUZAN J W R，et al.Influence of poor health on exit from paid employment：a systematic review[J].Occupational and environmental Medicine，2014，71（4）：295-301.

[82] VARIYAMJ N，JAMES B，DAVID S.A probit latent variable model of nutri-

tion information and dietary fiber intake[J].American journal of agricultural economics，1996，78（3）：628-639.

[83] WAGNER A K，AMY J G，SHEILA K R，et al.Access to care and medicines，burden of health care expenditures，and risk protection：results from the world health survey[J].Health policy，2011，100（2-3）：151-158.

[84] WAGSTAFF A.The economic consequences of health shocks：evidence from Vietnam[J].Journal of health economics，2007，26（1）：82-100.

[85] WAGSTAFF A.Measuring catastrophic medical expenditures：reflections on three issues[J].Health economics，2019，28（6）：765-781.

[86] WAGSTAFF A，Eddy V D.Catastrophe and impoverishment in paying for health care：with applications to Vietnam 1993—1998[J].Health economics，2003，12（11）：921-933.

[87] WAGSTAFF A，MAGNUS L.Can insurance increase financial risk？：The curious case of health insurance in China[J].Journal of health economics，2008，27（41）：990-1005.

[88] WAGSTAFF A，MAGNUS L.Are health shocks different？ Evidence from a multi-shock survey in Laos[J].Health economics，2010，23（6）：706-718.

[89] WAGSTAFF A，MAGNUS L，GAO J，et al.Extending health insurance to the rural population：an impact evaluation of China’s new cooperative medical scheme[J].Journal of health economics，2007，28（1）：1-19.

[90] WAGSTAFF A，EDDY V D.Equity in the finance of health care：some international comparisons[J].Journal of health economics，1992，11（4）：361-387.

[91] WAGSTAFF A，EDDY V D，PIERELLA P.Horizontal equity in the delivery of health care[J].Journal of health economics，1991，10（2）：251-256.

[92] WAGSTAFF A，WINNIE Y，MAGNUS L.China’s health system and its reform：a review of recent studies[J].Health economics，2009，18（S2）：S7-

S23.

[93] WANG J J.Prevalence and correlates of depressive symptoms in the elderly of rural communities in southern Taiwan[J].The journal of nursing research，2001，9（3）：1-12.

[94] WANG V，LIU C F，CHRISTOPHER L B，et al.Does medication adherence following a copayment increase differ by disease burden？[J]. Health services research，2011，466（pt1）：1963-1985.

[95] WARREN J L，YABROFF R K，ANGELA M，et al.Evaluation of trends in the cost of initial cancer treatment[J].Journal of the national cancer institute，2008，100（12）：888-897.

[96] WATERS H R，GERARD F A，JIM M.Measuring financial protection in health in the United States[J].Health policy，2004，69（3）：339-349.

[97] WHITEHEAD M，GÖRAN D，TIMOTHY E.Equity and health sector reforms：can low-income countries escape the medical poverty trap？[J].The lancet，2001，358（9284）：833-836.

[98] WINKELMANN R.Co-payments for prescription drugs and the demand for doctor visits：evidence from a natural experiment[J].Health economics，2004，13（11）：1081-1089.

[99] XU K，DAVID B E，GUIDO C，et al.Protecting households from catastrophic health spending[J].Health affairs，2007，26（4）：972-983.

[100] XU K，DAVID B E，KEI K，et al.Household catastrophic health expenditure：a multicountry analysis[J].The lancet，2003，362（9378）：111-117.

[101] YAMANO T，JAYNE T S.Measuring the impacts of working-age adult mortality on small-scale farm households in Kenya[J].World development，2004，32（1）：91-119.

[102] YAMANO T，JAYNE T S.Working-age adult mortality and primary school at-

tendance in rural Kenya[J].Economic development & cultural change，2005，53（3）：619-653.

[103] YIP W，WILLIAM H.China’s health care reform：a tentative assessment[J]. China economic review，2009，20（4）：613-619.

[104] ZAWADA A，KATARZYNA K，CHRISTIAN K，et al.A comparison of the burden of out-of-pocket health payments in Denmark，Germany and Poland[J]. Global policy，2017，8（2）：123-130.

附录　统筹城乡居民重大疾病保障制度入户调研问卷

非常感谢您参与此次调查，本调查所有信息仅用于科学研究，对于您提供的一切信息，我们会严格遵守《中华人民共和国统计法》予以保密。您是我们抽取的住户，希望您能支持和配合我们的工作，为国家医疗保障政策的改善做贡献，再次感谢您的支持与配合！

访谈员：　　　　　　　　　　　　　　访谈日期：

被访谈人姓名（患者姓名）：　　　　　电话：

家庭地址：

A. 人口学背景资料

1. 与户主的关系是

1= 户主　2= 配偶　3= 子女　4=（外）孙子 / 孙女　5= 父母　6= 兄弟姐妹　7= 公婆、岳父母　8= 爷爷、奶奶　9= 女婿、儿媳、姐夫、嫂子　10= 其他

2. 医疗保险类型

1= 公费医疗　2= 城镇居民基本医疗保险　3= 新农合　4= 城乡居民基本医疗保险（合并的城居保、新农合）

3. 性别（1= 男，0= 女）　　　　年龄：

4. 是否为少数民族（1= 是，0= 否）

5. 婚姻状况（1= 已婚，2= 未婚，3= 离异，4= 丧偶）

6. 户口类型（1= 农业，2= 非农业，3= 没户口）

7. 是否本地户籍居民（1= 是，0= 否）

8. 是否在上学（1= 是，0= 否）

9. 最高受教育程度

1= 未受过教育（文盲） 2= 小学未毕业，但能基本读写 3= 小学 4= 初中 5= 高中（包括职高及中专） 6= 大专 7= 大学本科 8= 硕士 9= 博士 10= 其他

10. 家庭常住人口

B. 收入与家庭资产

1. 您家去年税后年总收入是多少？____万元

其中：自营农业收入（询问农户过去 1 年的情况）

（1）您家是否从事该项农业生产（1= 是，0= 否）

（2）请估算一下您家从事农业生产的收入是多少（若受访者不愿回答或记不清，请展开提问 1 000/3 000/5 000/10 000/20 000 元及以上）

（3）去年该项农业生产的成本花费多少钱（包括租地、种子、肥料、饲料、农具、雇工等成本）（若受访者不愿回答或记不清，请展开提问 500/1 500/2 500/5 000/10 000 元及以上）

就业非农业收入：（此表调查 16 周岁以上的遇访家庭成员过去一年内除自营农业外的其他就业情况）

（1）就业情况

0= 无业 1= 只干农活 2= 只从事非农工作 3= 既干农活又从事非农工作

（2）工作类型

1= 个体经营者 2= 为他人或单位工作（合同工） 3= 临时工 4= 家庭工人 5= 其他

（3）职业

1= 农业工人 2= 企业普通职工 3= 工匠（自由职业的木匠、水泥匠等） 4= 服务业工作人员 5= 个体商贩 6= 普通白领 7= 村、组干部 8= 普通公务员 9= 专业技术人才（教师、医生、工程师等） 10= 企事业管理层人员 11= 其他

（4）工作地点

1= 本村　2= 本乡外村　3= 本县外乡　4= 本市外县　5= 本省外市　6= 外省

（5）去年一年工作月收入是多少？____元。一年的奖金能有多少？____元。去年一年工作总收入是多少？____万元

2. 其他家庭收入及家庭资产（询问整个住户过去一年内的情况）

（1）粮食直接补贴和农资综合补助____元

（2）医疗救助____元（包括政府和社会公益基金）

（3）困难补助、残疾补助或福利金____元

（4）出租家庭财产____元（如房屋、农用设备等所得租金）

（6）其他现金收入____万元（如出售房屋、征地补偿款等）

（7）您家有存款吗（1= 是，0= 否）

（8）您家有负债吗（1= 是，0= 否）

（9）您家负债有多少？____万元

3. 您家家具、家电等耐用消费品价值____万元

4. 您家有几套房子？____套，估计一下您家目前所有住房的价值____万元

C. 家庭支出

1. 最近一个月，您家花了多少钱购买食品（包括自家生产和消费的农产品，以及外出就餐）？____元

2. 请估算下您家过去一个月内除食品支出外的其他日常生活消费中的支出（包括水电燃料费、房租或房贷费用、交通费、网络电话等通信费用、日用品消费、衣着消费、烟酒消费、保姆或护工费等）。____元

3. 我们想了解您家一个月内在医疗支出方面的具体消费情况，请您估算出家庭成员在一个月内就诊中所有直接医疗支出（包括药、诊疗、检查、手术等费用）____元；请您估算一下，家庭成员在一个月内去医疗机构就诊的间接支出（交通费、住宿费、保健品费用、护工费用等）____元；在一个月内就诊时所支付的药费（包括在医院购买及在药店购买药品的费用）____元

4. 我们想了解您家过去一年内在以下医疗支出中的各项费用：直接医疗支出（包括药、诊疗、检查、手术等费用）____元；间接支出（交通费、住宿费、保健品费用、护工费用等）____元

在一年内，所有直接医疗支出（含药费、手术及诊疗费等）报销了多少？____元

D. 健康状况和功能

1. 患者目前的活动能力如何（1= 可以四处走动，没有任何困难；2= 行动有些不便；3= 卧床不起）

2. 患者的自理水平如何（1= 可以完全自理，2= 洗澡和穿衣有问题，3= 无法自己洗澡和穿衣）

3. 患者在日常活动方面能力如何（如工作、学习、家务或闲暇活动）

4. 我们绘制了一个健康尺度表，请您给出适当评分（见下图，其中 100 表示最佳健康状态）

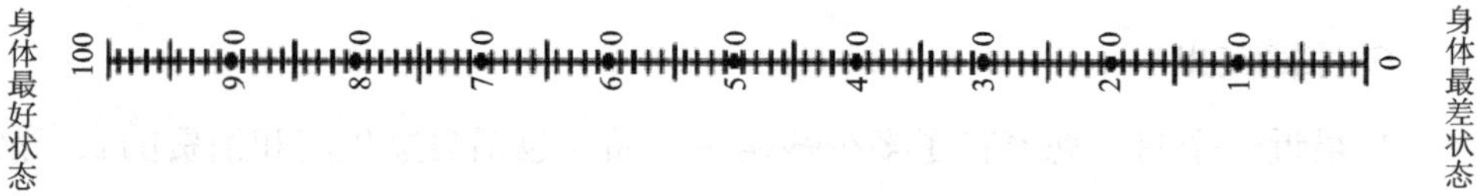

5. 患者最近一个月内是否焦虑或抑郁（0= 没有，1= 中度，2= 重度）

6. 我们想再具体了解下患者在下列日常行为生活中的能力（1= 完全自理，2= 稍依赖，3= 较大依赖，4= 完全依赖）（ADL 指标）

评价项目	完全自理	稍依赖	较大依赖	完全依赖
进食				
洗澡				
修饰（如洗脸刷牙，化妆）				
穿衣				
控制大小便				
上厕所				
桌椅转移				
行走				
上下楼梯				

E. 医疗保险

1. 您知道重大疾病医疗保险政策吗（0= 不了解，1= 了解）

2. 您是从何渠道了解该政策的

1= 从广播电视网络等媒体获知　2= 亲戚或朋友介绍　3= 就诊医院机构了解　4= 居住地居委会或村干部宣传　5= 其他

3. 重大疾病医疗保险报销是因为何种疾病

1= 高血压　2= 血脂异常　3= 糖尿病　4= 恶性肿瘤（癌症）　5= 肺部疾病　6= 肝脏疾病　7= 心脏病　8= 中风　9= 肾脏疾病　10= 胃部或消化系统疾病　11= 情感及精神问题　12= 记忆相关疾病　13= 关节炎或风湿　14= 哮喘　15= 其他

4. 去年一年重大疾病的医疗费用是多少？____元。基本医疗报销了多少费用？____元。二次补偿（报销）了多少费用？____元。自付了多少费用？____元（提示：为保证数据准确无误，访谈结束后访谈员必须通过公司数据库对采集到的重大疾病患者各项费用数据进行认真复核，及时对错误、不准确的信息予以更正）

5. 报销方式如何

1= 看病当时即可报销　2= 自己先垫付之后报销

6. 是否还参保了其他补充医疗保险（如商业保险、中国职工保险互助会的《在职职工重大疾病互助保障计划》等）（0= 否，1= 是）

7. 您家去年是否享受到除医疗保险外的其他医疗救助（0= 否，1= 是）（提示：如果回答否，则跳过 8、9 两个问题）

8. 医疗救助的方式是什么（1= 社会医疗救助金，2= 医疗机构的经济补贴，3= 社会公益基金赞助，4= 其他）

9. 去年医疗救助补偿了多少钱？____元

F. 医疗服务的利用

1. 门诊就诊情况

（1）过去两周内，您是否有身体上的不适？（0= 否 ，1= 是）

（2）如有不适，您是否进行了治疗（包括自我治疗）？（0= 否 ，1= 是）

（3）您主要去下列哪种医疗机构就诊

1= 省级医院（含综合及专科医院） 2= 市、地级医院（含综合及专科医院） 3= 县、区级医院 4= 社区卫生服务中心、乡镇卫生院 5= 村诊所 / 私人诊所 6= 其他

（4）这家医疗机构到您家大概有多远？____千米

（5）去这家医疗机构单程花了多少时间？____小时

（6）在最近一次就诊中，总共花了多少钱（包括药费、诊疗费和在药店购买的处方药费用）？____元

2. 住院情况

（1）您去年是否住院？（0= 否 ，1= 是）

（2）过去一年，是否有医生说您应该住院而没有住院的情况（0= 否，1= 是）

（3）您去年因何病住院？过去一年住院您是否做了手术

（4）疾病严重程度（1= 不严重，2= 一般，3= 严重，4= 非常严重）。住院多少天？____天

（5）住院的医疗机构类别

1= 省级医院（含综合及专科医院） 2= 市、地级医院（含综合及专科医院） 3= 县、区级医院 4= 社区卫生服务中心、乡镇卫生院 5= 村诊所 / 私人诊所 6= 其他

（6）去这家医疗机构单程花了多少时间？____小时

（7）在最近一次就诊中，总共花了多少钱（包括药费、诊疗费和在药店购买的处方药费用）？____元